近藤駿介
Shunsuke Kondo

202X金融資産消滅

年金政策ミスによる長期株価低迷に備えよ!

KKベストセラーズ

202X金融資産消滅

年金政策ミスによる長期株価低迷に備えよ！

「金融資産消滅」年表

2012/12/16	総選挙で自民党が勝利、政権を奪還
2012/12/18	安倍自民党総裁（当時）と白川日銀総裁（当時）が会談
2012/12/26	第二次安倍政権発足
2013/1/22	デフレ脱却と持続的な経済成長の実現のための政府・日本銀行の政策連携についての共同声明を公表
2013/2/5	白川日銀総裁（当時）が3月19日付の辞任を表明
2013/3/19	白川日銀総裁辞任、翌日に黒田日銀総裁が就任
2013/4/4	黒田日銀が「異次元の金融緩和」を導入
2014/4/1	消費増税実施5%から8%へ
2014/10/31	黒田日銀が「『量的・質的金融緩和』の拡大」を実施
	GPIFが基本ポートフォリオを変更
2016/1/29	日銀が「マイナス金利付き量的・質的緩和」を導入
2016/9/21	日銀が「長短金利操作付き量的・質的金融緩和」を導入
2018/4/8	黒田日銀総裁が再任
2019/6/3	金融庁が「老後2000万円」報告書を公表
2019/7/21	参議院選挙を実施
2019/8/27	厚生労働省が2019年財政検証結果を発表
2019/10/1	消費増税実施8%から10%へ

２０２Ｘ　金融資産消滅［目次］

第1章 作り出されたアベノミクス相場

第2章

世界最大の機関投資家GPIFとは何だ

第3章

GPIFの資産運用の問題点

第4章

早ければ2020年からＧＰＩＦは売手に回る？

第5章 投資の常識は非常識

第6章
「世界最大の売手」が出現する中での資産形成

はじめに――202X年。東京。

メディアでは来年度から年金支給額が現役世代の収入の36%程度にまで減額されることが繰り返し報じられていた。長年の低成長と急激な株価の低迷により国民年金の積立金が枯渇し始めていたのだ。

翌月に定年を迎える太郎は眠れぬ毎日を過ごしていた。不眠の原因は年金のことだけではない。長年コツコツと積み立てていた金融資産がさらなる悩みの種になっていた。

「公的年金2000万円不足問題」が話題となった2019年より10年近く前から、太郎は3000万円を目標に「ドルコスト平均法」で日本株の積立投資を始めていた。積立期間は約30年となり、その累計投資額は1500万円に達していた。しかし、その評価額は1200万円程度と目標額にまだまだ達していないどころか、想定しなかった300万円もの大きな評価損を抱え込んでいた。株式市場はこの数年間低迷してきており、この先評価損が回復する見込みは立っていない。

アベノミクス相場では好調だった積立投資が、202X年に想定外の評価損を抱えることになったのは、2020年代に入って始まった株価下落を契機に株式市場が再び低迷期に入ったからである。世間では「金融資産消滅」という言葉が話題に上がり始めていた。

公的年金に依存しない老後を過ごす目的で始めた資産形成だったが、「年金も金融資産も目減りする」という最悪の形で老後を迎えることになってしまった。太郎は、こんなことになるなら、ゼロ金利でも貯蓄にしておけばよかった……という後悔の念に駆られていた。

＊＊＊＊＊＊＊＊＊＊＊＊

これは、長年資産形成に励んできたサラリーマンの太郎が、定年目前に受け取る年金と金融資産の目減りというダブルパンチに見舞われる悲劇の物語です。

多くの人は「これはフィクションで、こんなことはあり得ない」と思われるかもしれません。しかし、これは決して非現実的な絵空事ではありません。少なくとも専門家と称される人たちによる、「将来の株価予想」などと比較したらかなり確度の高い話です。

２０１９年6月に金融庁がまとめた報告書によって沸き上がった「公的年金２０００万円不足問題」を契機に、資産運用に対する関心が急速に高まりました。これまで資産運用に関心を持っていなかった人たちを含めて、多くの人たちが資産形成に向かいはじめていますが、２０２０年は資産形成を始めるのに必ずしも適切な時期だとはいえません。

それは、数年後から株価低迷という強い逆風が資産形成に吹き付けられる可能性が高く、これまでの運用方針を見直すべき時期に差しかかってきているからです。しかもその逆風が吹き付けられる期間は2～3年ではなく、10年～20年といった長期に及ぶ可能性があるのです。

では逆風はどこから吹き付けられるのでしょうか。株式市場に逆風を吹き付ける主役となりそうなのは、国民の公的年金資金を管理運用し、安倍総理が「世界最大の機関投資家」と豪語してきたＧＰＩＦ（年金積立金管理運用独立行政法人）です。

アベノミクス相場でＧＰＩＦは円安・株高をもたらす「太陽」でした。しかし、そのＧ

ＰＩＦは２０２０年代以降には「太陽」から「北風」に変わり、世界的な株価低迷という投資氷河期を引き起こす引き金となりかねないのです。これは個人的想像や憶測ではありません。厚生労働省、ＧＰＩＦが公式に発表している「予定」に基づいた筋書きです。

厚生労働省、ＧＰＩＦが公式に発表していることとは、ＧＰＩＦが年金給付金を確保するために約１６０兆円の資産を売りに出し始めるということです。「世界最大の機関投資家」であるＧＰＩＦが資産の売却に動き出したら、経済や金融市場は大混乱に陥ることが想像されるのです。そして、その先にあるのが「金融資産消滅」という悲劇的な未来なのです。

では、それはいつ起きるのでしょうか。

そのヒントは２０１９年8月27日に公表された「２０１９年財政検証結果」の中に示されています。ちなみにこの財政検証とは5年に一回実施される年金の健康診断と称されるものです。

２０１９年の財政検証結果が公表された際には、標準的なケースで現役世代の手取り平均収入に対する年金給付水準の割合を示す「所得代替率」が、２０１９年度の61・７％から28年後の２０４７年度には現在より二割近く低い50・８％にまで目減りすることが大きな注目を集めました。

年金給付水準を示す「所得代替率」は国民全体の関心ごとなので注目を集めるのは当然のことだといえます。その一方、資産形成を目指す人が急増する中で、彼らにとって「所得代替率」以上に重要ともいえる、GPIFがいつ売手に回るのかという問題にほとんど関心が向けられなかったのが、日本らしいところだといえます。

2019年の財政検証結果が出るまでは、年金給付の財源を確保するためにGPIFが保有資産の売却を始めるのは10年程度先の話だと思われてきました。しかし、2019年の財政検証によって、早ければ2020年度からGPIFの資産が年金給付の財源に使われ始める可能性も示されました。それは、「金融資産消滅」がそう遠い世界の話ではないことを物語るものです。

筆者は1988年に土木技術者から野村投信（現・野村アセットマネジメント）に転じてから約25年、投資信託や特定金銭信託、不動産ファンドなど、多様な資産運用業務に携わってきました。1990年代後半にはファンドマネージャーとして一時約8000億円にも及ぶ巨額の資金の運用を担当したほか、運用責任者として日本初の上場投資信託（ETF）の立ち上げも担ってきました。年金分野でも年金資金の運用や、年金基金に対するコンサルティング営業などの経験もしてきています。

そんなファンドマネージャーとして長い経験を持っている筆者が最も興味を感じていることは、年金給付水準を示す「所得代替率」よりも「世界最大の機関投資家」といわれるGPIFの資金動向であり、それが金融市場に及ぼす影響です。

「2020年は資産形成を始める時期として必ずしも適切ではない」という判断は、年金給付の財源としてGPIFの資産取り崩しが始まるというほぼ確実な資金動向に基づいた、ファンドマネージャーとしての実践経験からくる一つの合理的結論です。


長期投資で資産形成を目指す人たちには、GPIFが「太陽」から「北風」に変身するという現実を念頭に置いて対応を考えていただきたいところです。

本著ではまずアベノミクスにおいて、GPIFがどのように利用され「太陽」に祭り上げられていったのかから話を始めたいと思います。ここから話を始めるのは、アベノミクスの中で「金融資産消滅」という時限爆弾が仕掛けられていったからです。

そして「金融資産消滅」を引き起こすGPIFとはどのような機関なのか、GPIFが「世界最大の機関投資家」であるがゆえに抱える、運用上の問題が引き起こす市場への影響に触れた後、GPIFが売手に回ることで生じる「金融資産消滅」の危機に備えるための対策について考えていきたいと思います。

さらには「貯蓄から投資へ」と叫ばれる今日において、ドルコスト平均法をはじめとする「投資の常識」と信じられていることの採用が抱えるリスクへと話を進めたいと思います。それによってGPIFが「太陽」から「北風」に変身する局面では、「投資の常識」の弱点が炙り出される可能性があることを理解していただこうと思います。

「公的年金2000万円不足問題」を契機に年金問題に関する関心は高まってきています。しかし、その関心は年金がいつからいくら受け取れるのか、老後資金はいくら必要なのか、何歳から年金を受け取るのが得なのかといった制度や金額に関するものに集中しており、高齢化社会の進展が金融市場に及ぼす影響についての考察は全くなされていません。

年金不安が高まったことで、若いうちから計画的に資産形成を行って老後に必要な資金を確保しようという「公助から自助へ」という動きも出始めています。しかし、高齢化社会の進展が金融市場に及ぼす影響を全く考えずに「公助から自助へ」と突き進むことは極めて危険です。場合によっては受け取れる年金も自身の資産も目減りするという事態に追い込まれてしまいかねないからです。

本著はこれまでほとんど議論の対象になってこなかった、日本の公的年金積立金の管理運用制度が、高齢化社会の進展に伴って金融市場にどのような影響を及ぼしていくことになるのかについて記したものです。

資産形成を始めるのは本著を読んでからでも遅くはありません。

筆者の約25年に及ぶ資産運用業務経験に基づく現実的な分析と思考が、「公助から自助へ」を目指す読者の「金融資産消滅」の危機を回避するためのヒントになれば幸いです。

近藤駿介

2020年2月

第1章

作り出された
アベノミクス相場

「大胆な金融緩和」を急いだ安倍政権

アベノミクスにおいてGPIF[注1]（年金積立金管理運用独立行政法人）は円安・株高をもたらす「太陽」のような存在です。しかし、2006年に設立されたGPIFは最初から日本の金融市場を照らす「太陽」として存在していたのではなく、アベノミクスによって「太陽」に祭り上げられた「人工太陽」だといえるものです。

GPIFが初めから金融市場を明るく照らす「太陽」として存在していたとしたら、或いは民主党政権がGPIFを「人工太陽」に祭り上げるずる賢さと行動力を持っていれば、2012年に政権交代が起こり、第二次安倍政権が誕生することもなかったかもしれません。

ではアベノミクスの中で、どのようにしてGPIFが「人工太陽」に祭り上げられていったのでしょうか。それを語る上でアベノミクスの「大胆な金融緩和」と黒田日銀による「異次元の金融緩和」を避けて通ることはできません。それは、「異次元の金融緩和」が金融政策として期待された本来の効果を発揮できていたら、GPIFが「人工太陽」に祭り上げられることもなかった可能性があるからです。

それではまず「大胆な金融緩和」と「異次元の金融緩和」というところから話を進めていきましょう。

ご存じの通りアベノミクスは２０１２年12月の総選挙で安倍総理（当時自民党総裁）が掲げた

① 大胆な金融政策
② 機動的な財政政策
③ 民間投資を喚起する成長戦略

という「３本の矢」を中心とした政策ミックスのことです。

注1　ＧＰＩＦ　正式名称は年金積立金管理運用独立行政法人。英語表記の"Government Pension Investment Fund"の略。現役世代が納めた公的年金（厚生年金と国民年金）保険料のうち、年金の支払いなどに充てられずに将来世代のために積み立てられた年金資金の管理運用を行う独立行政法人。信託銀行や投資顧問会社などの運用受託機関を通して国債や株式に投資、運用することで年金の支払いに充てている。

第二次安倍政権の政策の一丁目一番地は「経済再生」であり、「デフレからの脱却」でした。

この「デフレからの脱却」を果たすうえで重要だったのが「3本の矢」の中で最も即効性が高い「大胆な金融政策」でした。ただし、一応日銀は政府から独立した組織になっていますので、この「大胆な金融政策」を推し進めるうえでは、金融政策を担う日銀との強力な連携が必要になります。そこで、第二次安倍政権は発足直後から日銀との強固な協力関係構築に動き出したのです。

２０１２年12月16日の総選挙で勝利し政権奪還を果たした安倍自民党総裁（当時）は、12月26日に国会で正式に総理に指名される前の12月18日に当時の白川日銀総裁と会談し、デフレ脱却に向け２％の物価上昇率目標を設定することと、政府と日銀で金融政策をめぐる政策協定を結ぶことを要請しました。

こうした政府からの圧力もあり、政府と日銀は２０１３年１月22日に２％の物価安定の目標を導入し、これをできるだけ早期に実現することを目指す旨を明記した「デフレ脱却と持続的な経済成長の実現のための政府・日本銀行の政策連携について（共同声明）」（以下「共同声明」）を出すことになりました。

安倍総理が「大胆な金融緩和」をこれだけ急いだのは、総選挙で自民党が優勢になるにつれて金融市場が円安・株高に動き出してきていた流れを見て、「大胆な金融緩和」で円安・

株高を演出できるという自信を深めたからだと思われます。さらに、短期間での目に見える「株価の上昇」は、「デフレからの脱却」が進んでいることを国民に印象付けるのに最も効果的だという確信も抱いたのでしょう。

「共同声明」によって、政府と日銀の連携は強固なものとなりましたが、決して両者の関係が強くなったということではありませんでした。「共同声明」が出された直後の2月5日には、政府からの圧力が強まったことに対する不満を表明する形で、日銀の白川総裁が4月8日の任期満了を待たずに3月19日で辞任することを表明するなど、政府と日銀の関係は決して一枚岩とはいえないものでした。

白川日銀総裁の辞任を受けて政府が次期総裁に指名したのが現在の黒田総裁です。黒田総裁が就任したことで政府と日銀の関係は強固なものとなり、「大胆な金融緩和」という政策を具体的に推し進める体制が整いました。それは、黒田日銀は、安倍政権が「大胆な金融緩和」を推し進めるために作ったもので、黒田氏はそれを実行するために就任した総裁だったからです。つまり、黒田日銀総裁の誕生は、「大胆な金融緩和」を推し進めるという唯一のミッションを実行するための人事だったのです。

黒田日銀総裁の誕生によって政府と日銀の関係が強固なものになり、「大胆な金融緩和」が積極的に推し進められるという期待が高まったことで、金融市場は円安・株高に動き出すことになりました。民主党の野田総理が解散表明をした2012年11月14日には1ドル＝79円90銭だった為替は、黒田日銀総裁が就任した時には95円50銭前後まで20％近い円安となっていました。こうした為替市場での円安の動きに呼応して日経平均株価も同期間に8664円から1万2468円まで実に44％近く上昇することになりました。

安倍政権発足から黒田日銀総裁誕生までの短い期間で大幅な円安・株高が進んだことから安倍政権に対する期待が膨らみ、第二次安倍政権は65％を上回る高い支持率を得る順調な船出を果たすことができたのでした。

しかし、こうした「大胆な金融緩和」によって短期間で円安・株高を実現し、それによって高い支持率を得られたという成功体験が、GPIF（年金積立金管理運用独立行政法人）を「人工太陽」に祭り上げる布石にもなったのです。

「異次元の金融緩和」、何が「異次元」だったのか

「大胆な金融緩和」に対する期待が日に日に高まっていた2013年3月19日に黒田日銀が正式に誕生し、直後の4月4日に黒田総裁は「大胆な金融緩和」を強力に推し進めるための「異次元の金融緩和」を大々的に打ち出しました。

その内容は、政府と日銀の「共同声明」で決められた「2%の物価安定目標」を2年間という短い期間で達成することを目標に、日銀が長期国債・上場投資信託（ETF）[注2]の保有額を2年間で2倍に拡大し、流通するお金の量を2倍に増やすという内容でした。

「異次元の金融緩和」を決めた2013年4月の日銀金融政策決定会合後の記者会見で、

注2　ETF　日経平均株価や東証株価指数（TOPIX）といった特定の指数に連動する運用成果を目指し、金融商品取引所に上場している投資信託。指数に連動する運用成果を目指すという点ではインデックスファンドと同じだが、インデックスファンドが1日1回算出される基準価額で1日1回しか取引できないのに対して、ETFは取引時間内であれば株式などと同様に価格変動に応じていつでも取引ができるようになっている。

黒田日銀総裁が「2倍、2倍、2倍」と自信満々に語っていた姿を覚えている人もいると思います。日銀が長期国債・上場投資信託（ETF）の保有額を2倍にするということは、日銀が民間から購入する国債とETFの購入額を2倍に増やすということです。日銀が民間から長期国債とETFを購入するということは、その購入代金が日銀から民間に渡りますので民間の保有するお金の量が増えることになります。従って、日銀が国債とETFの保有額を2倍に拡大すれば世の中に流通するお金の量も2倍にできるということです。

黒田日銀が導入した「量的・質的金融緩和」は、「異次元の金融緩和」として広く知られていますが、実際には何が「異次元」なのかはあまり理解されていません。

通常「金融緩和」といえば政策金利の引下げのことです。しかし、政策金利を引き下げられるのは通常0％までです。黒田日銀が「異次元の金融緩和」を打ち出した2013年4月時点で日本の政策金利はすでに0％まで引き下げられており、政策金利を引き下げる余地はない状況でした。中央銀行が政策金利の変更によって景気をコントロールする手法は、一般的に「伝統的金融政策」と呼ばれます。しかし、第二次安倍政権が誕生した時点で日銀はすでに政策金利をゼロにするゼロ金利政策をとっていたので、こうした「伝統的金融政策」をとることはできなかったのです。

金利を動かすという「伝統的金融政策」がとれない場合にとる手段が、政策金利ではなくお金の量を増減させる「非伝統的金融政策」と呼ばれる政策です。黒田日銀が行っている「マネタリーベース[注3]＝お金の量」を増やすという「異次元の金融緩和」は「非伝統的金融政策」に属する政策になります。

日銀が「異次元の金融緩和」と称して長期国債の購入額を増やして民間に渡すお金の量を2倍に増やしたのは、短期金利がすでに0％で利下げ余地がなく、「非伝統的金融政策」に頼るしかなかったからです。

とはいえ、「非伝統的金融政策」というのは一般国民には馴染みの薄い政策なので、日銀が「マネタリーベースを増やす」と言ったところで多くの国民には何のことなのか理解しにくいというのが現実です。そこで「2倍、2倍」と連呼するパフォーマンスで、これまでとは全く異なる画期的な金融政策であるかのように印象付ける演出が必要だったのです。

注3　マネタリーベース　「日本銀行が供給する通貨」を指す。具体的には、市中に出回っているお金である流通現金（「日本銀行券発行高（お札）」＋「貨幣流通高（硬貨）」）と「日銀当座預金」の合計値。

実は日銀は2001年3月から2006年3月まで、世界に先駆けて「異次元の金融緩和」と同じ「非伝統的金融政策」である「量的緩和政策」を採用したことがあります。同じ「非伝統的金融政策」であっても、2001年からの「量的緩和」とアベノミクスでの「異次元の金融緩和」とでは異なる点がありました。

それは、2001年にスタートした「量的緩和」では純粋に「お金の量」を増やしたのに対して、「異次元の金融緩和」では日銀が長期国債を買い上げることで、お金の量を増やすと同時に長期金利の低下や株価の上昇、為替の円安を目指したことでした。

日銀が「異次元の金融緩和」で長期金利の低下を目指したのは、一般的に企業への貸出し金利や住宅ローン金利などは長期国債の利回りに連動して決められるので、長期金利を引き下げれば貸出金利も下がるからです。つまり、長期金利の低下によっても政策金利の引き下げと同様に景気刺激効果を期待することができるのです。

長期金利を引き下げるためには、日銀が民間銀行の保有する長期国債を市場価格よりも高く買い取る必要があります。民間銀行が売却益を得られるような買取り価格を示さない限り、誰も日銀に国債を売却してくれないからです。国債の価格と利回りは反対の動きをしますので、日銀が市場で長期国債を買い上げて国債の価格が上がれば長期金利は価格とは反対に下がることになります。こうして日銀が長期国債を買い上げるということは、長期金利の低下を促すと同時に、売却代金が民間に移ることになりますので「量的緩和」に繋がることになるのです。

「異次元の金融緩和」が行おうとした「量的緩和」自体は「非伝統的金融政策」の範疇に含まれ、それだけでは「異次元」とはいえないものです。「異次元の金融緩和」が「異次元」だったのは、まず、流通するお金の量を年間50兆円増やすという規模の大きさでした。2001年3月に実施された「量的緩和」の目標は、マネタリーベースの大半を占める日銀当座預金残高で5兆円程度でしたから、規模としてはその時の10倍というものでした。参考までに「異次元の金融緩和」を6年半以上続けてきた2019年12月時点でのマネタリーベースは505兆円強、日銀当座預金残高は約392兆円まで膨らんできています。

マネタリーベースとは「日本銀行券発行高」＋「貨幣流通高」＋「日銀当座預金」の合計です。ポイントは銀行が日銀に預けている「日銀当座預金」が含まれていることです。銀行が日銀に預けているお金というのは、銀行活動に使われていないお金、つまり貸出しなどに使われていない一般社会には流通していないお金ということです。

また、お金の量以上に「異次元」だったのは、国債に加えて年間1兆円ものＥＴＦ（上場投資信託）の購入を決めたことです。

日銀は2001年3月から2006年3月までの5年間、世界の中央銀行に先んじて「非伝統的金融政策」である「量的緩和」を行いました。また、リーマン・ショック後米国の中央銀行に当たるFRB（連邦準備制度理事会）は3回の「量的緩和」を実施しています。しかし、どちらの「量的緩和」でも、中央銀行が株式やETFを購入することはありませんでした。株式やETFという中央銀行の資産を棄損しかねないリスク資産を大量に保有することは、中央銀行の信用の低下を通してその国の通貨の信用を損ねるというリスクを孕んでいるため、中央銀行にとって通常ではあり得ない政策でした。金融的には、こうした中央銀行の慣例を無視して、日銀がリスク資産であるETFを大量に購入するということが「異次元」のことだったのです。

ETFの運用資産残高は世界で6兆ドル強、日本で42兆円程度に達し、日本では残高の7～8割を日銀が保有しています。

日本最初のETFは、1995年5月29日に野村投信（現・野村アセットマネジメント）が設定し上場された「日経300株価指数連動型上場投資信託」で、この日本初のETFの設定運用責任者を務めたのは筆者でした。

お金を自由に生み出すことのできる立場にある日銀が、中央銀行の常識を無視して大量のＥＴＦを購入し間接的に株式市場に参入することになったのですから株高になるのは当然のことでもありました。

２０１２年11月14日、当時の野田総理が解散表明をした時点でのドル円相場は80円前後、日経平均株価は８６６４円でした。しかし、安倍総理（当時は自民党総裁）が「大胆な金融緩和」を掲げて政権を奪還した２０１２年12月26日までにドル円は85円台、日経平均株価は１万２３０円と大きく円安・株高に動き出していたのです。

そして黒田日銀総裁が就任し「異次元金融緩和」を打ち出した２０１３年４月４日時点では為替は95円台、日経平均株価は１万２６００円台までさらに円安・株高が進みました。

その後も黒田日銀が「異次元金融緩和」を強力に推し進めた結果、円相場は一時１２５円台に達するなど50％も円安が進み、日経平均株価も2万４０００円台まで3倍近い水準まで上昇し、日本経済が直面していた株安・円高という当面の危機を脱することに成功した形となったのです。それによって日本のメディアは「黒田バズーカ」と称して黒田日銀総裁を称賛したのでした。

しかし、実体経済に先駆けて動く金融市場こそ安倍政権と黒田日銀の思惑通りに短期間で円安・株高に反応しましたが、実体経済は安倍政権の期待通りには動きませんでした。政府がＧＰＩＦの資金に目を付けたのは、こうしたことからだったと思われます。

効果が剥げ落ち始めた「異次元の金融緩和」

日本経済が直面していた円高・株安という危機を短期間で救ったという点において「異次元金融緩和」は大成功でした。しかし、「異次元金融緩和」が実施されてから6年半以上が経過した２０１９年12月時点でも、「消費者物価の前年比上昇率２％の物価安定の目標を、２年程度の期間を念頭に置いて、できるだけ早期に実現する」という本来の目標は達成できる目途が立っていない状況です。

価格変動の大きい生鮮食料品を除いた消費者物価コア（以下「消費者物価コア」）の前年同月比上昇率を見てみると、消費税が5％から8％に引き上げられた２０１４年に一時的に「２％の物価安定目標」を上回って推移したことがありましたが、消費増税の影響を除くとアベノミクスの目標である「２％の物価安定目標」を上回ったことはありません。

２０１９年10月から消費税は８％から10％へと２％引き上げられました。この２％の消費増税によって消費者物価は０・77％程度押し上げられるとみられていましたが、同時に物価押下げ効果が０・57％程度あると見込まれている幼児教育・保育無償化が実施されたこともあり、２０１９年11月時点の消費者物価コアの前年同月比上昇率は０・５％に留まっています。「異次元金融緩和」は、短期間で円安・株高という目に見える派手な成果を生むことには成功しましたが、本来の目的である「２％の物価安定目標」の達成に近付けていない状況が続いているのです。

こうした状況は、本来なら安倍総理や黒田日銀総裁にとって好ましいことではありません。特に黒田日銀総裁は２０１３年４月に「異次元金融緩和」を導入した際に「２年程度の期間で２％の物価安定目標」を達成すると大見得を切り、自ら「２％の物価安定目標」を達成するまでの期限を２０１５年４月に設定していましたから、焦りを感じていたに違いありません。

円安・株高だけが先行し、自らが設定した期限までに「２％の物価安定目標」を達成できなければ、「異次元の金融緩和」という政策自体に疑問の目が向けられかねません。それは回りまわって「デフレからの脱却」の象徴でもあった株高にも影響を及ぼす危険性を秘めているものです。

そうした中、2014年4月には消費税が5%から8%に引き上げられたことによって個人消費が予想以上に低迷してきました。

消費増税という特殊要因に伴う駆け込み需要や便乗値上げなどによって、消費者物価コアは2014年4月の消費増税実施時には3%台に乗せ、2014年5月には3・4%に達し、表面上は「2%の物価安定目標」を達成した形になりました。しかし、専門家の間では3%の消費増税によって消費者物価コアが概ね1・5%嵩上げされるというのがコンセンサスでしたので、3・4%という消費者物価コアの上昇も消費税増税の影響を除いたら1・9%と、「2%の物価安定目標」に届いていないといえるものでした。

2014年4月に実施された3%の消費増税に伴う、消費者物価コア前年同月比上昇率の統計上の嵩上げ効果は、2015年3月までの1年間限定のものであり、黒田日銀総裁が設定した「2%の物価安定目標」の期限である2015年4月には統計上消費増税による消費者物価の押し上げ効果が消滅することは明白でした。こうした中、想定以上の消費増税に伴う駆け込み需要の反動が出てきたこともあり、消費者物価コアは2014年5月の前年同月比3・4%上昇をピークに低下に転じ始めてしまいました。

消費増税が国内景気に悪影響は及ぼさないと繰り返してきた安倍政権と、2015年4月までに「2%の物価安定目標を達成する」と豪語した黒田日銀総裁にとってこうした動きは由々しき問題でした。

同時に、「大胆な金融緩和」と「異次元の金融緩和」に対する期待と、消費増税を控えた駆け込み需要で景気が上向いたことなどを背景に順調に推移してきた株式市場でも、消費増税後の消費の落ち込みが想定以上だったことなどから、その上昇に陰りが見え始めてきました。「デフレからの脱却」の成果を示す象徴であった株高に陰りが見え始めるというのは、「株価先行型」の景気回復を目指していたアベノミクスには極めて危険な兆候であり、何かしらの手を打つ必要が出てきたのです。

黒田総裁が自ら設定した「異次元の金融緩和」の目標達成期限である2015年4月まで半年を切り、消費増税に伴う消費の低迷と消費者物価コアがピークアウトしたことが明らかになり始めた2014年10月に、黒田日銀総裁と安倍内閣は協力し合うかのように新たな追加策を打ち出すことになりました。

2014年10月31日、黒田日銀は市場に不意打ちを食らわせるかのようなタイミングで『「量的・質的金融緩和」の拡大』に踏み切りました。

追加緩和の具体的内容は「マネタリーベースが、年間約80兆円（約10〜20兆円追加）に相当するペースで増加するよう金融市場調節を行う」というものでした。このタイミングでの追加緩和を想像していなかった市場はこの決定を好感し、半年近く1万4000円〜1万6000円台で推移していた日経平均株価は2万円を目指して再浮上し始め、なかなか110円を突破できないでいたドル円も120円を目指して動き出し始めたのです。

市場が予期しないタイミングでの金融緩和拡大で再び円安・株高を演出したことで、マスコミはこれを「黒田バズーカ第二弾」として称賛し、黒田日銀に対する信頼と畏敬の念を一段と高めるようになりました。しかし、想定しないタイミングで「黒田バズーカ」が放たれたことで市場は大きく反応しましたが、マネタリーベース、市場に出回る資金の量を増やすことだけで株高を演出できたわけではありません。「黒田バズーカ」には株高を演出するために必要な資金が用意されていたのです。

「ETFおよびJ-REIT[注4]について、保有残高が、それぞれ年間約3兆円（3倍増）、年間約900億円（3倍増）に相当するペースで増加するよう買入れを行う」（日本銀行『量的・質的金融緩和』の拡大」2014年10月31日）

黒田日銀は2013年4月4日に打ち出した「異次元の金融緩和」で「戦力の逐次導入はしない」と宣言してそれまでの年間購入額が5000億円であったETFの購入額を2倍の1兆円に引き上げました。しかし、2014年10月31日に打ち出した「黒田バズーカ第二弾」ではさらにその3倍の年間3兆円まで一気に引き上げ、中央銀行が「異次元のリスク」を抱え込むことにしたのです。ETFの年間購入額を2兆円増やしたのですから、株式市場が上昇に転じるのは当然のことでもありました。

しかも、この時日銀がETF購入額を一気に3倍増やすのに呼応するように日本株を購入する主体が現れました。それが公的年金を管理運用し、「世界最大の機関投資家」といわれる「年金積立金管理運用独立行政法人」、通称「GPIF」でした。

注4　J-REIT　多くの投資家から集めた資金で、オフィスビルや商業施設、マンションといった複数の不動産などを購入し、その賃貸収入や売買益を投資家に分配する商品。REITとは"Real Estate Investment Trust"の略で、Jは日本のJAPANを意味している。一般的に「不動産投資信託」と呼ばれるように法律上は投資信託の仲間。ETF（上場投資信託）と同様に証券取引所に上場しており、株式と同様に売買が可能。

駆り出されたGPIF

GPIFは日銀が金融緩和拡大を決めたのと同じ日に、市場に大きな影響を及ぼす次のような決定を発表しました。

「現在、日本経済は長年続いたデフレからの転換という大きな運用環境の変化の節目にあります。このような状況を踏まえ、長期的な経済環境の変化に速やかに対応する観点から、来年度を待たず、この第2期中期計画における基本ポートフォリオを変更しました」

「基本ポートフォリオの変更は、厚生労働大臣が任命する金融・経済の専門家で構成される運用委員会において、資金運用に関し一般的に認められている専門的な知見に基づき、本年6月以降、運用委員会7回、検討作業班6回、計13回にわたる審議を経て承認の議決がなされた後、理事長から厚生労働大臣あて認可申請を行い、10月31日認可を受け、同日施行しました」（GPIF「基本ポートフォリオの変更について～概要〈1〉」2014年10月31日）

基本ポートフォリオというのは、多額の公的年金積立金（当時で130兆円強）を運用しているGPIFが資金を「国内債券」「国内株式」「外国債券」「外国株式」にどのように振り分けるかの資産配分（アセットアロケーション）をする際の基準配分のことです。GPIFは黒田日銀が繰り出した「『量的・質的金融緩和』の拡大」に歩調を合わせるかのように基本ポートフォリオの見直しを発表したのです。これが意図的なものだったのか、それとも偶然だったのかは定かではありません。

しかし、「本年6月以降、運用委員会7回、検討作業班6回、計13回にわたる審議を経て」という検討作業を始めた時期や、「来年度を待たず、この第2期中期計画における基本ポートフォリオを変更しました」という変更時期を前倒ししたことを示した記述からは、単なる偶然ではなかった可能性が漂ってきます。

では、GPIFの基本ポートフォリオ変更がどのような内容だったのかを確認してみましょう（P.43の**図表1**）。

まず、修正前の基本ポートフォリオは、「国内債券」60％±8％、「国内株式」12％±6

%、「外国債券」11%±5%、「外国株式」12%±5%、「短期資産」5%というものでした。「±○%」と幅を持たせているのは、株式や債券は株式市場や債券市場で日々価格が変動するため、組入比率も日々変化し、一定に保つことができないからです。

この修正前の基本ポートフォリオの特徴は、「国内債券」60%±8%という点からも明らかなように「国内債券偏重」の、リスクを抑えたものだったことです。

このような「国内債券偏重」の低リスクポートフォリオは、「黒田バズーカ第二弾」にタイミングを合わせたかのように公表された基本ポートフォリオの変更によって、「国内債券」35%±10%、「国内株式」25%±9%、「外国債券」15%±4%、「外国株式」25%±8%へと変更されたのです。

変更後の基本ポートフォリオの特徴は「国内債券」への投資割合を60%から35%へと引き下げたのと同時に、「国内株式」が12%から25%へ、同じく「外国株式」が12%から25%へと、黒田日銀総裁風に表現すれば「2倍」「2倍」に引き上げられたことです。こうした変更によって、GPIFの基本ポートフォリオは「国内債券中心」の「低リスク型」から、「内外株式重視」の「高リスク型」に大きく姿を変えたのです。

図表1◎基本ポートフォリオの変更

変更前

	国内債券	国内株式	外国債券	外国株式	短期資産
資産構成割合	60%	12%	11%	12%	5%
乖離許容幅	±8%	±6%	±5%	±5%	−

変更後

	国内債券	国内株式	外国債券	外国株式
資産構成割合	35%	25%	15%	25%
乖離許容幅	±10%	±9%	±4%	±8%

(注)運用体制の整備に伴い管理・運用されるオルタナティブ資産(インフラストラクチャー、プライベートエクイティ、不動産その他運用委員会の議を経て決定するもの)は、リスク・リターン特性に応じて国内債券、国内株式、外国債券及び外国株式に区分し、資産全体の5%を上限とする。また、経済環境や市場環境の変化が激しい昨今の傾向を踏まえ、基本ポートフォリオの乖離許容幅の中で市場環境の適切な見通しを踏まえ、機動的な運用ができる。ただし、その際の見通しは、決して投機的なものであってはならず、確度が高いものとする。
(出典)GPIF「基本ポートフォリオの変更について〜概要(2)」2014年10月31日

このＧＰＩＦの基本ポートフォリオの変更の是非に関しては専門家の間からも様々な意見が出ており結論が出ない状況です。なぜ結論が出ないかというと、ＧＰＩＦの運用目標によって適切な手段が異なるからです。そして実はＧＰＩＦの運用目標というのは例えば４％とか６％とかいったように明確に定まっているわけではありません。運用目標が明確に定められていない状況ですから、運用手段に関しても様々な意見が出ているのです。

百家争鳴状態になっているＧＰＩＦの運用方針に関して一ついえることは、アベノミクスの成果を印象付けたい立場の人たちにとっては、基本ポートフォリオがどのように修正されようと「完璧にアウト」でない限りは問題ではないということです。なぜならば彼らの目的は「アベノミクスの成果を印象付けるための円安・株高を演出する資金を確保する」ことだったからです。

ＧＰＩＦの前身である年金福祉事業団が、管理運用していた公的年金の積立金を杜撰な計画に従ってグリーンピア（大規模年金保養基地）に２０００億円近い資金を注ぎ込むなど、自由に使ってきた経験もありますから、公的年金積立金を円安・株高誘導のために使うというのは当然の発想で、不思議なことではありません。

理由はともあれ中央銀行である日銀と公的年金積立金を管理運用するＧＰＩＦから「円安・株高を演出する」ために必要な資金を確保し、景気拡大が続いていることを演出することができたことで、消費増税による景気悪化懸念は掻き消される格好となったのです。

この２０１４年10月31日に実施されたＧＰＩＦの基本ポートフォリオの変更によって、ＧＰＩＦは金融市場を温かく照らす「太陽」に祭り上げられました。しかし、ＧＰＩＦを「太陽」に祭り上げたこの基本ポートフォリオの変更により、将来ＧＰＩＦが株式市場に「北風」を吹き付けるようになるとは、安倍政権も基本ポートフォリオの変更を決めた専門家たちも気付かなかったのでしょう。なぜなら、彼らはみな多額の資金を運用した経験を持っていなかったからです。

円安・株高をもたらした GPIFの「基本ポートフォリオ変更」

基本ポートフォリオの変更が行われる直前の２０１４年9月末のＧＰＩＦの運用資産総額は１３０兆８４４６億円でした。この資産規模に基づいて単純計算してみると、資産配分比率が12％から25％へと13％引き上げられた「国内株式」にはそれだけで17兆円（１３０兆８８４６億円の13％）の買い余力が生まれるということになります。同様に「外国債券」

が11％から15％へ、「外国株式」が12％から25％へと、「外国資産」が合計で29％引き上げられたことで38兆円ほどの外貨需要が生じたことになりました。

ＧＰＩＦの基本ポートフォリオの変更によって生み出された約17兆円という規模の国内株式への投資資金は、２０１４年3月末時点での個人金融資産総額１６８０・６兆円の１％強、個人金融資産のうち8・9％程度だった「株式・出資金」１４９・３兆円の11％強に相当するものでした。簡単にいえば国民が個人金融資産に占める「株式・出資金」の割合を8・9％から9・9％へ引き上げたのと同じ効果をもたらす規模だったといえます。

黒田日銀による「『量的・質的金融緩和』の拡大」によってＥＴＦの年間購入額が2兆円増やされると同時に、ＧＰＩＦの基本ポートフォリオの変更によって「国内株式」への投資資金17兆円が捻りだされ、合計で19兆円もの日本株への投資資金が用意されることになったのです。さらに株高を支援する円安を演出するために38兆円ほどの「外貨買い・円売り」資金も準備されたのですから、円が１２０円台を、日経平均株価が2万円を目指して動き出すのも当然のことだったといえます。

こうした政策当局の後押しを受けて金融市場は再び力強く「円安・株高」に動き出すこ

とになりました。黒田日銀が「『量的・質的金融緩和』の拡大」を打ち出したことを契機に「円安・株高」が進み始めたことで、メディアはこぞって「円安・株高」が「異次元の金融緩和」という金融政策によってもたらされたかのように報じ、多くの国民がそれを信じ込むことになったのです。こうした「異次元の金融緩和」＝「株高・円安」という先入観を浸透させていくことこそが「円安・株高を演出することでアベノミクスの成果を強調する」ことを目的とした勢力の狙いであったと思われます。

しかし、現実には日銀が市場に流通する資金を増やすという金融緩和による金融効果によって「円安・株高」になったのではなく、政策当局によって38兆円もの円売り資金と、19兆円もの日本株購入資金を捻出するという「政策判断」によって「円安・株高」になったのです。このようにして「異次元の金融緩和」の効果が誇張されてしまったことで、副作用が心配されるところまで突き進んでしまったのです。

日銀によるETF購入額が倍増したことと、GPIFの基本ポートフォリオ変更によって金融市場の「円安・株高」に弾みが付きました。この過程では、短期的な株価への影響という点では日銀のETF購入額が倍増したことよりも、GPIFの基本ポートフォリオの変更の方が大きかったといえます。日銀が公表している「指数連動型上場投資信託受益権（ETF）および不動産投資法人投資口（J-REIT）の買入結果」によると、日銀は「『量的・質的金融緩和』の拡大」を打ち出した2014年10月末から2015年3月末までの5か月間にETFを1兆1753億円購入しました。

これに対して基本ポートフォリオ変更前の2014年9月末時点で23・9兆円であったGPIFの「国内株式」保有額は、2015年3月末時点では31・7兆円まで7・8兆円増えています。この半年間に日経平均は3000円強、率にして18・75％ほど上昇していますので計算上実質的購入額は3・3兆円程度だったと推計されますが、それでもこの半年間の日銀のETFの購入額1兆3076億円の倍以上の規模になっています。

簡単にいえば、一般的に「異次元の金融緩和」の効果だと思われていた円安・株高は、実際には国民の目の届かないところで行われたGPIFのポートフォリオの変更によって人為的に作られたものだったということです。

GPIFが日銀に比べて短期間で一気に行動を起こしたのは、日銀がETFの年間購入額を増やしたのに対して、GPIFによる日本株購入は基本ポートフォリオの変更に伴うものだったからです。

日銀はETFの年間購入額を1兆円から3兆円まで2兆円増やしました。しかし、これは1年間という時間をかけて3兆円のETFを購入するというものですから、3兆円のETFを短期間に一気に買い切ってしまうということではありません。単純計算すれば1か月のETF購入額は2500億円程度、半年間の購入金額は1・5兆円程度ですから、こうしたペースでETFを購入し続けるということです。

それは、日銀はETF購入に関してリスクプレミアムを下げるとか、マネタリーベースを増やすためといった大義名分を付けていますが、実際には株価下支えのために投入されているといえるものです。日銀が毎日公表しているETF購入額の推移を見てみると、2014年10月末に「『量的・質的金融緩和』の拡大」でETF購入額を年間3兆円に増やして以降2015年末までの毎月のETF購入額は2262億円~2627億円と一定の範囲に留まっています。

これに対してGPIFの「国内株式」の購入は、その動機が何であったにせよ、基本ポートフォリオ変更という運用方針の変更によって生じたものです。通常ポートフォリオの変更に伴う売買は速やかに実行するもので、日銀のEFT購入のように1年かけて変更するような類のものではありません。運用の場合は年間のパフォーマンスもチェックされるので、1年かけてポートフォリオを修正するというような悠長な行動はとれないのです。

さらに、大義名分として大規模なマネタリーベースを供給することを掲げ、実際には株式市場を下支えすることを目的としている日銀にとっては、ＥＴＦ購入によって生じる投資収益ではなくＥＴＦの購入自体が目的になっています。これに対して、ＧＰＩＦは「一応」期待される収益を上げることを目的に掲げているので、基本ポートフォリオの変更は目的達成のための手段という位置付けになります。それゆえに、期待される収益を確保するためには速やかにポートフォリオを基本ポートフォリオに合わせるように修正していくというのが論理的な行動になるのです。

ともあれ、消費増税という政策判断ミスを掻き消し、アベノミクスの成果を演出するために、国民の目の届かないところで大切な年金資金が使われたのです。政権を維持するために「当面の株価」が重要な政府にとって、ＧＰＩＦの資金を失政隠しに使うことが将来世代に大きなツケを残すことになる可能性などには関心がなかったのかもしれません。

国民の目に触れないお金だけを増やした異次元の金融緩和

ではなぜ政府と日銀はこうした株式市場に直接介入するという危険な行動に出たのでし

ょうか。それは、彼ら、少なくとも日銀は「異次元金融緩和」だけでは景気を押し上げられないことを自覚していたからにほかなりません。

黒田日銀は、2013年4月4日に「消費者物価の前年比上昇率2%の『物価安定の目標』を、2年程度の期間を念頭に置いて、できるだけ早期に実現する」ことを高らかに宣言し、「金融市場調節の操作目標を、無担保コールレート（オーバーナイト物）からマネタリーベースに変更」し、「マネタリーベースが、年間約60~70兆円に相当するペースで増加するよう金融市場調節を行う」という「異次元の金融緩和」をスタートさせました。

ここで黒田日銀が金融市場調節の操作目標とした「マネタリーベース」というのは、世の中のお金の量を示すものです。「異次元の金融緩和」が始まった時のマネタリーベース増加の目標は年間約60~70兆円でしたが、2014年10月31日の追加緩和「量的・質的金融緩和の拡大」で、その目標額は年間約80兆円まで10~20兆円拡大されました。この年間約80兆円というマネタリーベースの増加目標は、2016年9月に「長短金利操作付き量的・質的金融緩和」、いわゆるイールドカーブコントロール政策が導入されるまで続き、それ以降はマネタリーベースの具体的な増加目標は設定されなくなっています。

さて、一般にはマネタリーベースを増やすことと、世の中で流通するお金の量が増えることは同じ意味として扱われていますが、実際にはこの両者は同じものではありません。「異次元の金融緩和」は、日銀が国債を購入することで世の中のお金の量、つまりマネタリーベースを年間約60~70兆円増やそうというものです。では、日銀がどこから長期国債を購入するかというと、それは銀行です。

皆さんにとって銀行は極めて身近な存在だと思いますが、正しく理解されていない業態の一つでもあります。銀行の本来の姿は利用者から預金という形でお金を集め、そのお金を企業や個人に貸出し、貸出金利と預金金利の差である「利鞘」で利益を出すというものです。銀行は貸出しなど業務に必要なお金の約7割を預金という形で集めています。しかし、預金で集めたお金の全てを貸出しに回せているわけではありません。2019年3月期の国内銀行111行全体で見ると、預金として集めたお金のうち貸出しに使われているのは3分の2程度です。

銀行は通常、貸出しに回さなかった、回せなかった資金は国債を中心とした有価証券で運用しています。「異次元の金融緩和」が始まる直前の2013年3月末時点では、銀行は預金やその他の方法で集めた資金全体（総資産）の52・5%を貸出に、31・2%を国債を中心とした有価証券投資に振り向けていました。

しかし、2013年4月から「異次元の金融緩和」が始まったことによって、日銀は銀行の保有する国債を、銀行が確実に売買益を得られるような高い価格で購入するようになりました。銀行にとって確実に売買益が得られることもあり、「異次元の金融緩和」が始まってから銀行の有価証券の残高は急激に減って行きました。2013年3月末時点では銀行は総資産の31・2%の有価証券を保有していましたが、2018年度にはその比率は20%を割込むところまで減ってきています。

銀行は保有する国債を日銀に売却することで、売却益を含めてその代金を受け取ります。しかし、もともと貸出しに回せないでいた余剰資金で有価証券を購入していたので、日銀から国債売却代金を受け取っても、その資金を簡単に貸出に回せるわけではありません。それ故に、銀行は日銀から受け取った国債売却代金を貸出に回すのではなく、そのまま日銀内の当座預金に預けることになったのです。

こうしたことができるのも、リーマン・ショック後の2009年11月から日銀が銀行の当座預金のうち所要準備額を超える部分に0・1%の利息を付ける（付利する）ようになっていたからです。日銀が付利している0・1%という利息は、国債の表面利率と同じであるため、銀行にとっては日銀当座預金[注5]に国債売却資金を寝かせておいても、国債を保有しているのと同じだけの利息を手にできるようになっているのです。それ故に、売却益を得られる価格で日銀に喜んで保有する国債を売却したのです。その結果、2013年3月末には銀行全体で総資産の5・6%であった日銀当座預金を含む銀行の「現金預け金」は、2018年度には21・7%まで膨れ上がっていきました。

こうして進められている「異次元の金融緩和」には二つのポイントがあります。
まず、日銀が銀行から国債を購入するための資金は、他から借り入れているのではなく日銀自らが生み出しているということです。そのため、資金的な限界はありません。ですから、日銀が銀行から国債を買えば買うほど世の中に新しいお金が放出される結果になるのです。「異次元の金融緩和」はこのような仕組みで「お金の量」を増やしているのです。

二つ目は、日銀が「異次元の金融緩和」によって生み出したお金のほとんどが「日銀当座預金」に戻ってきていることです。それは、日銀が生み出したお金のほとんどが民間には渡っていないことを意味しているのです。
「異次元の金融緩和」を始める直前の2013年3月末のマネタリーベースは134兆7

413億円でしたが、2019年11月には517兆6305億円と382兆8892億円も膨れ上がってきました。しかし、同じ期間に「日銀当座預金」は47兆3674億円から405兆3420億円まで357兆9746億円も増えています。つまり、マネタリーベース増加分382兆8892億円の93・5%は国民に渡ることのない「日銀当座預金」の増加によって占められているのです。

多くの国民がイメージするお金というのは、現金、つまりお札と貨幣だと思います。しかし、このお札と貨幣の合計額が「異次元の金融緩和」が始まってからどのくらい増えているかというと、2013年3月の87兆3789億円から2019年11月の112兆2885億円まで24兆9146億円しか増えていないのです。

つまり、黒田日銀が「異次元金融緩和」によって大量の資金をばら撒いているといって

注5　日銀当座預金　日銀と取引のある金融機関が、日銀や他の金融機関との決済や送金などに利用するために日銀に保有している当座預金。預金を預かる銀行に対して預金の引出しに備え預金の一定割合を日銀に預けておくよう義務付けた「法定準備預金」と、銀行が任意に預ける「超過準備預金」に分類される。リーマン・ショック以前は日銀当座預金に利息は付かなかったが、リーマン・ショック後には「超過準備預金」に対して付けられるようになった（付利）。現在は、「超過準備預金」のごく一部にマイナス金利が課せられている。

も、そのほとんどは国民が目にすることのない日銀当座預金に入り、国民の手にまで届いていないのです。

金融市場で円安・株高が進み、企業収益が過去最高だという報道がされる中で、多くの世論調査でアベノミクスによる景気回復を実感できていないという回答が7、8割を占めているのは、「異次元金融緩和」によってばら撒かれたお金がほとんど国民にまで届いていないからなのです。

人が景気回復を実感するのは、収入や売上が実際に増えたり、増えるという確信を持てたりする時、つまりお金が自分のところに流れてきた、或いは流れてくる確信が持てる時のはずです。しかし、マネタリーベースの上では「異次元金融緩和」によって383兆円近いお金がばら撒かれたことになっていますが、そのうち93・5%が国民の目に触れることのない「日銀当座預金」に滞留し、実社会に流れているお金は25兆円程度しか増えていないのですから、景気回復を実感できる人が少ないのは当たり前だということです。

「異次元の金融緩和」を始めてから6年9か月が経過し、マネタリーベースは517兆円と日本のGDPに匹敵する規模まで膨らんできています。しかし、「2年程度の期間を念頭に置いて、できるだけ早期に実現する」とした「2％の物価安定目標」は達成できるどころか、達成の目途すら立っていない状況にあります。物価が上昇しないのは、「異次元金融緩和」によってばら撒かれたとされているお金のほとんどが日銀内の「当座預金」に滞留しており、実社会のお金の量がほとんど増えていないからだと考えれば当然の結果だといえるのです。

２００６年から２０１４年まで米国の中央銀行に当たるＦＲＢの第14代議長を務めたベン・バーナンキは「デフレ克服のためにはヘリコプターからお札をばら撒けばよい」と発言し「ヘリコプター・ベン」という異名をとった人物でした。しかし、「ヘリコプター・ベン」が想定していたのはヘリコプターから民衆に向かってお金をばら撒くことであり、中央銀行の「当座預金」にお金をばら撒くことではなかったはずです。日銀の「異次元金融緩和」が「ヘリコプター・ベン」の主張した「デフレ克服」に繋がらないでいるのは、日銀がお金のほとんどを「日銀当座預金」にばら撒いているからにほかなりません。

日銀は異次元の金融緩和だけでは景気回復できないことを知っていた

では黒田日銀は「異次元金融緩和」を始める時に、日銀がばら撒いたお金が経済全体に行き渡らずに「日銀当座預金」に貯め込まれることを想像できなかったのでしょうか。その答えは「ノー」です。黒田日銀は「異次元金融緩和」でお金をばら撒いてもその多くが「日銀当座預金」に戻ってくることは想定済みだったのです。

2013年4月4日に「異次元金融緩和」と称される「量的・質的金融緩和」を導入した時に、資料として公開された「マネタリーベースの目標とバランスシートの見通し」（P.59の**図表2**）では、「異次元金融緩和」によって「マネタリーベース」は2012年末の138兆円から2014年末には270兆円へほぼ倍になるという見通しが示されています。そして「バランスシート項目の内訳」では「マネタリーベース」の増加に伴い「当座預金」が2012年末の47兆円から2014年末には175兆円へと増加する見通しが示されているのです。

図表2◎マネタリーベースの目標とバランスシートの見通し

（単位：兆円）

	12年末（実績）	13年末（見通し）	14年末（見通し）
マネタリーベース	138	200	270

（バランスシート内訳の項目）

	12年末（実績）	13年末（見通し）	14年末（見通し）
長期国債	89	140	190
CP等	2.1	2.2	2.2
社債等	2.9	3.2	3.2
ETF	1.5	2.5	3.5
J-REIT	0.11	0.14	0.17
貸出支援基金	3.3	13	18
その他とも資産計	158	220	290
銀行券	87	88	90
当座預金	47	107	175
その他とも負債・純資産計	158	220	290

（出典）日銀「『量的・質的金融緩和』の導入について」2013年4月4日

要するに「マネタリーベース」の増加分132兆円の97%に相当する128兆円が「当座預金」に還流してくることを、黒田日銀は初めから想定済みだったのです。

そして実際の結果は、2014年12月の「マネタリーベース」は267兆4016億円、「日銀当座預金」も172兆6512億円と、両者ともに事前見通しに対してニアピン賞でした。こうした結果は、日銀の予想精度が高いからではありません。「マネタリーベース」という指標が国民のイメージしているお金の量を示しているのではなく、「日銀がコントロールできるお金の量」を示すものだからです。「異次元の金融緩和」で日銀が金融政策の目標を金利ではなくマネタリーベースというお金の量にしたのは、それが日銀自身でコントロールできるお金の量であり、大きく外れることがあり得ない目標だったからです。

黒田日銀は「異次元金融緩和」を導入した時点でばら撒いたお金のほとんどが実体経済に流れることなく「日銀当座預金」に還流してくることをほぼ正確に見通していたのですから、「異次元金融緩和」によって景気を回復させデフレ克服ができると考えていたはずはありません。

つまり、黒田日銀は「異次元金融緩和」によって景気回復はもとより、デフレ克服もできないことを十分に理解したうえで「異次元金融緩和」を導入した可能性が高いのです。

ではなぜ黒田日銀はそれを分かっていたうえで「異次元金融緩和」に踏み切ったのでしょうか。もちろん、そこには政権を奪還した安倍総理が量的緩和に慎重だった前任の白川日銀総裁を辞任に追い込んだことに見られるように、官邸と日銀の政治的パワーバランスに大きな差があったことも大きく影響していたと思われます。官邸の意向に従わなければならない日銀には、「異次元金融緩和」によって金融市場を円安・株高に誘導することで輸出企業を中心とした景気回復を図り、結果的にデフレ克服ができるという官邸が描いた夢のようなシナリオにすがるしかなかったということです。

黒田日銀が単なる「量的緩和」ではなく、ＥＴＦの年間購入規模を2倍にするという「異次元の金融緩和」に踏み出したのも、単なる「量的緩和」ではデフレからの脱却、景気回復を見込めなかったからにほかなりません。デフレからの脱却や景気回復を果たすためには円安・株高が必要条件だったのです。

「イングランド銀行を潰した男」と「ヘリコプター・ベン」に頼った日銀

黒田日銀総裁が就任した２０１３年頃は中央銀行による「通貨供給量」が注目されてい

た時期でもありました。それは、リーマン・ショック後の2008年11月から2010年6月までと2010年11月から2011年6月まで、そして2012年9月から2014年10月までの計3回、FRBが景気刺激とデフレ脱却を目的にQEと称する大規模な量的緩和を実施し大量のドルを市場に供給したことでドル安・円高が進んでいたからです。

米国FRBが大規模な量的緩和を実施する中、黒田総裁の前任者である白川元総裁は量的緩和には消極的でした。こうした日米の金融政策の方向性の違いもあり、FRBが積極的に大量のドル資金を市場に供給しているのに対して、日銀が円資金を増やすことに消極的な姿勢を取り続けることによる「通貨供給量」の差が円高を招く要因であるという見方が説得力を増していたのです。

こうした背景がある中で、「イングランド銀行を潰した男」という異名をとっていた伝説の投資家ジョージ・ソロスが考案した「通貨供給量」と為替相場には強い相関性があるという「ソロスチャート」が世間で注目を浴びるようになりました。この「ソロスチャート」の理論が浸透するにしたがって、日米の通貨供給量の差が円高の要因であり、換言すれば日銀が相対的な「通貨供給量」を増やせば円高を食い止めることができるという意見が強まっていったのです。

景気悪化とデフレの元凶であった円高・ドル安を食い止めるための「大胆な金融緩和」を掲げて政権奪還を果たした安倍総理にとって、「ソロスチャート」の理論は魅力的に映ったに違いありません。しかし、政権奪還当時の日銀総裁であった白川氏は、「ソロスチャート」の理論を積極的には受け入れませんでした。

「ソロスチャート」の、為替相場は両国の「通貨供給量」と強い相関があるという考え方は、為替取引は所詮「物々交換」であるから、量が多い通貨には下落圧力がかかり、量が少ないレア物通貨には上昇圧力が加わりやすいという、投資家らしいシンプルかつ現実的なものでした。世間で「ソロスチャート」が受け入れられたのも、分かりやすい理屈に基づいていたことが理由の一つだったと思われます。

しかし、優秀な経済学者であった当時の白川日銀総裁にはこうした現実的な考え方とは異なった持論がありました。それは中央銀行の「通貨供給量」はその国の経済規模に応じて決められるものだという考え方でした。安倍政権からの強い要請を受けても白川総裁はGDPに対する「通貨供給量」の比率を見ると日本の金融政策は欧米に比較して最も緩和的になっているという主張を展開し、この持論をなかなか曲げませんでした。

為替市場での円高を食い止めるための「大胆な金融緩和」なのか、経済規模に応じた「大胆な金融緩和」なのか。政府と白川日銀総裁の意見対立は、政治家と経済学者の神学論争の様相を呈してきたのです。

日本経済の障害となっていた、行き過ぎた円高からの脱却を目指して「大胆な金融緩和」を訴えて政権奪還を果たした安倍総理にとって、「通貨供給量」を相対的に増やせば通貨は下落するという「ソロスチャート」の理屈も、「デフレ克服のためにはヘリコプターからお札をばら撒けばよい」という「ヘリコプター・ベン」の主張も、為替市場で進む円高に対して有効な対策を打ち出してこなかった日銀総裁の主張よりずっと説得力があり、実践してみる価値のある政策だったことは想像に難くありません。そのため白川総裁が持論に固執すればするほど、永田町からの日銀に対する圧力は高まっていくことになりました。

形式上日銀の最高意思決定機関である政策委員会のメンバーである総裁と2名の副総裁、6名の審議委員は国会の衆議院および参議院の同意を得て、内閣が任命することになっており、日銀は政府からの独立性が保たれる形になっています。しかし、与党が衆参両院で圧倒的多数を占めているということを鑑みれば、正副総裁を含む政策審議委員会の委員は内閣が指名し、国会の承認を得て内閣が任命するとされているかぎりは、事実上日銀政策審議委員の人事権は内閣が握っているのと変わりません。

政府と日銀の「通貨供給量」に対する意見対立が鮮明になる中で、自民党を中心に日銀総裁の解任権を内閣に持たせることを盛り込んだ日銀法改正の動きまで出てきました。実際には日銀法改正は実現しませんでしたが、白川元総裁はこうした政治的圧力が強まる中、2014年4月8日の総裁任期を目前にした3月19日に辞任したのです。

2012年12月の総選挙で自民党が圧勝したことから、次期総裁候補は「通貨供給量」に関して安倍内閣と意見が同じ人間であることが必要条件となりました。この必要条件の中で選ばれたのが元財務官でアジア開発銀行総裁であった黒田氏だったのです。つまり、こうした政治的背景の中で日銀総裁に就任することになった黒田総裁に与えられたミッションは、デフレ克服という旗を掲げて「大胆な金融緩和」に邁進するということのみだったといっても過言ではなかったのです。

この時期の日銀総裁として黒田氏が適任だったのは、経済学者出身の「金融マン」ではなく、元財務官僚という「行政マン」だったからです。「金融マン」であれば白川元総裁のように自らの主義主張を持ち、場合によっては政府と意見対立が生じる可能性は否定できません。しかし、「行政マン」の使命は政治が決めたことを専ら実行していくことですから、「大胆な金融緩和」を推し進めたかった安倍政権にとって「行政マン」としてのDNAが染みついている黒田総裁は好都合だったのです。

そうした政府の期待を背負って誕生した黒田日銀総裁は、6年半以上「異次元金融緩和」を推し進めながらもデフレ克服の見通しすら立てられないどころか、その後遺症が懸念されるようになった今でも「異次元金融緩和」を見直すこともなく、さらに積極的に推し進めようとしています。こうした黒田日銀総裁の姿は、まさに「行政マンのDNA恐るべし」「行政マンの鏡」といったところかもしれません。

「異次元金融緩和」を積極的に推進するという唯一最大のミッションを持った黒田日銀でしたが、これを導入した時点で「マネタリーベース」を増やしてもそのほとんどが「日銀当座預金」に還流する可能性が高いことを見込んでいました。換言すれば「異次元金融緩和」を導入してもそれだけで景気回復とデフレ脱却ができるとは考えていませんでした。

そうした中で黒田総裁が期待を掛けたのが「ソロスチャート」であり「ヘリコプター・ベン」に対する市場の期待の高まり、信仰心だったのです。金融市場で大きな影響力を持つジョージ・ソロスの主張する理屈に従い、3回のQEによって大量にばら撒かれたドルに追いつけ追い越せを目標に円を市場に供給する姿勢を示し、それを実行していくことで、相対的な円の「通貨供給量」を増やせばジョージ・ソロス信奉者の多い為替市場で円安が進む可能性があったからです。

そしてその思惑は的中しました。「大胆な金融緩和」を訴える安倍自民党が政権を奪還した2012年12月の総選挙前後1ドル＝85円前後であった為替は、黒田総裁誕生時点で95円台まで円安となり、さらに「異次元金融緩和」の導入から1か月後の2013年のゴールデンウィーク明けには101円台まで一気に円安になったのです。

為替市場で円安が進んだことに加え、日銀がETFの年間購入額を2倍にすることを表明したことで株価上昇も加速し、黒田総裁就任時に1万2000円台であった日経平均株価もゴールデンウィーク明けには一気に1万5000円台まで上昇することになりました。「異次元金融緩和」が短期間で円安・株高という大きな成果を上げたことで、「異次元金融緩和」は「黒田マジック」「黒田バズーカ」として歓迎され、黒田日銀が示していた「マネタリーベース」を増やしても国民にはその資金は行き渡らないという見通しは忘れ去られ全く話題にも上りませんでした。

円安・株高維持が目的化したアベノミクス

それどころか円安・株高によって輸出企業を中心に企業業績回復期待が膨らんだこともあり、「トリクルダウン理論」がにわかに脚光を浴びることになりました。「トリクルダウン理論」とは、「富める者が富めば、貧しい者にも自然に富が滴り落ちる（トリクルダウンする）」という経済理論のことです。この理論では、企業業績が回復すれば、その従業員や取引先企業にも利益が波及して経済が成長するとともに、多くの人たちにその恩恵が及ぶようになると考えられています。

この「トリクルダウン理論」が世の中で受け入れられれば、多くの国民に円安・株高に伴う恩恵は時間の経過とともに、直接恩恵を受けている大企業や富裕層から自分たちにも及んでくるという期待を抱かせることができるようになります。つまり、政権側にとっては、国民に期待を持たせることでそれを実現するまでの「時間」を稼げるという都合のいい理論だったといえます。

同時にそれは、円安・株高によって高まった「トリクルダウン理論」に対する国民の期待を繋ぎとめるための必要条件が「円安・株高」になったということでもありました。多くの国民が恩恵にあずかる前に「円安・株高」が終わってしまったら、アベノミクスへの期待を維持することができなくなってしまうからです。「異次元金融緩和」が短期間で円安・株高という目に見える成果を上げたことで、「異次元金融緩和」への期待を維持するための必要条件が「円安・株高」となり、その結果「円安・株高」が「異次元金融緩和」の目的と化していったのです。

ここで問題となるのは「円安・株高」をもたらす主体は誰だったかという点です。安倍総理が掲げた「大胆な金融緩和」と黒田日銀による「異次元金融緩和」にまず大きく反応したのは外国人投資家でした。2012年の年間買越額が2兆8264億円に過ぎなかった外国人投資家は、「異次元金融緩和」が導入された2013年に年間15兆1196億円と過去最高の買越額を記録し株高の原動力となりました。

その一方、2013年に「個人」は8兆7508億円の売越、「生損保」も1兆750億円の売越、さらには「信託銀行」は3兆9664億円の売越と、国内投資家の多くは「異次元金融緩和」導入にもかかわらず大量の売越主体のままでした。

海外投資家の大規模な日本買いによって株高になったことは歓迎するべきものでしたが、

一方では日銀の威光が届きにくい海外投資家頼みのままだと、思うように市場をコントロールしていくことが難しく、常に円高・株安のリスクと背中合わせの状態になりかねません。海外投資家の事情によって「円高・株安」に転じてしまえば、アベノミクス唯一の目に見える成果が失われてしまいます。それゆえに、海外投資家に代わる国内投資家を呼び込むことが必要不可欠となったのです。

しかし、10年以上も政府が先頭に立って「貯蓄から投資へ」というスローガンの旗振り役を務めても、一向に個人投資家を株式投資に積極的にさせることはできていませんでした。結果として残された選択肢は「自分たち」、つまり政府が自由に動かすことのできる日銀の資金と公的年金資金を株式市場に導入するということしかなかったのです。

2014年10月31日、日銀の追加緩和と同じ時期にGPIFが厚生労働大臣から基本ポートフォリオの変更の承諾を得たのは、消費増税実施後の予想以上の個人消費の落ち込みという現実を突き付けられた安倍政権が、アベノミクスの唯一目に見える成果である「円安・株高」を守るためにGPIFの資金が必要だったからにほかなりません。

第2章

世界最大の機関投資家GPIFとは何だ

ほとんど語られないGPIFの運用

「公的年金2000万円不足問題」によって公的年金に対する不安が高まったことで、若い人たちを中心に「公助から自助へ」という考え方が芽生え、投資に対する関心も高まってきているようです。こうした動き自体は長年「貯蓄から投資へ」というスローガンを掲げてきた政府にとって喜ばしい動きかもしれません。しかし、それは日本の年金制度は「100年安心」と繰り返してきた政府の言葉を信じる者がほとんどいなくなったことの裏返しでもあることを考えると、政府にとっては危機的な状況になってきているともいえます。

公的年金に対する不信感が拭えない一つの要因は、制度やお金の流れが複雑でよく分からないことです。最近は「公的年金2000万円不足問題」が燻り続けるなかで、年金の健康診断だと称される5年に一度の「財政検証」が行われたこともあり、将来の給付額などについては多くのメディアが専門家を呼んで解説を加える場面も散見されるようになりました。しかし、公的年金の運用に関してたびたびメディアを賑わせているGPIF（年金積立金管理運用独立行政法人）が公的年金制度の中でどのような立ち位置にいるのか、GP

IＦがどのような運用をしていて、それが金融市場にどのような影響を与えているのか、そして今後どのような影響を及ぼしていく可能性があるのかという、運用上の問題や課題についてはほとんど紹介されることはありません。

本章では「100年安心」といわれる日本の年金制度の中で、ＧＰＩＦの立ち位置や、その運用収益がどのように将来の年金給付に関係してくるのか、さらにはＧＰＩＦの現状がどうなっていて、今後金融市場にどのような影響をもたらすのかを中心に考えてみたいと思います。

ＧＰＩＦとは何だ

ＧＰＩＦは公務員の共済年金を除いたサラリーマンや個人事業主などの公的年金を管理運用する機関です。ＧＰＩＦが管理運用する資産額は2019年6月末時点で161・7兆円と、2019年度の国家予算102・6兆円を上回る大規模なもので、安倍総理はたびたび「世界最大の機関投資家」と豪語しているほどの巨大な運用資産を持つ機関です。

ＧＰＩＦが管理運用する資金規模がどうして国家予算を上回るような規模に膨れ上がっ

たのかというと、年金には保険料の徴収と年金支給の間に時間的ラグがあるからです。

GPIFの前身は1961年に設立された年金福祉事業団で、特殊法人改革などを経て2006年にGPIFという独立行政法人となり年金資金の管理運用を引き継いでいます。日本の年金制度は「賦課方式」と呼ばれ、現役世代が支払う年金保険料と税金によって年金世代への支払いを行う方式を採用しています。この「賦課方式」は、現役世代の数が多く、徴収する年金保険料総額が年金世代に支払う給付金総額を上回っている時にはこの差額が年金運用資産として積み立てられていきます。

GPIFの前身である年金福祉事業団が誕生した1961年といえば日本が高度成長に向かい始めた時代で、戦後の1947年から1949年に生まれた「団塊の世代」が経済成長の牽引役を果たしていた時代でした。最も人口の多い「団塊の世代」が経済成長を牽引していたこの時代は、年金保険料を納める現役世代の人数が、年金を受け取る年金世代よりも格段に多かった時代でもありました。国が発表している資料でも年金福祉事業団が設立された直後の1965年は、20~64歳の現役世代の人口は年金世代である65歳以上の人口の9・1倍だったと記されています。

現役世代が年金受給世代の9・1倍もいましたから、現役世代から徴収した年金保険料から年金給付をしても、当然の如く多額の資金が残ることになりました。こうして残された資金が年金積立金としてプールされていったのです。この年金積立金は、グリーンピアという年金保養施設などへの杜撰な投融資などで2000億円近くが消滅するなどの紆余曲折を経て2006年にGPIFに引き継がれていったのです。現在GPIFが、安倍総理が「世界最大の機関投資家」と自画自賛するほどの多額の運用資産を管理運用しているのは、これまで年金世代が少なく現役世代から徴収してきた年金保険料が貯まってきたからにほかなりません。

公的年金制度の中でのGPIFの立場

日本の公的年金は「賦課方式」を採っていますので、高齢化社会が進展している今でも現役世代から徴収した年金保険料を年金世代に給付する年金に回しています。

ここで、現役世代の皆さんが負担している年金保険料がどのように流れていくのかについて簡単に説明しましょう。

現役世代の皆さんから年金保険料を徴収したり、年金世代への年金給付の事務を行ったりしているのは政府から事務委託を受けている「日本年金機構」です。読者の皆さんの手元にも毎年誕生月に「日本年金機構」から「ねんきん定期便」が送られてきていると思います。この「日本年金機構」は年金不安のきっかけを作った「消えた年金問題」で批判を受けた社会保険庁の廃止に伴って2010年に発足した新しい組織です。

そして、日本年金機構が現役世代から徴収した保険料と年金給付金などは国に送られ、一般会計から独立した「年金特別会計」で管理されることになっています。

また、1985年に基礎年金制度が導入されて以来、基礎年金給付には税金が投入されており、現在は基礎年金給付に必要な額の2分の1をこれで賄っています。この年金給付の財源となっている税金も「特別会計」に入れられています。

つまり、支給されている年金給付金は、現役世代が収める年金保険料と税金を財源として支払われているのです。2017年度で見ると、年金給付総額約51兆円の財源の内訳は、現役世代が収めている年金保険料総額40兆円弱と税金11・8兆円になっています。

ちなみに、この年金給付の財源には消費税の一部が使われています。これが少子高齢化によって社会保障費が膨れ上がることを理由に消費増税を正当化する根拠の一つとなっているのです。

２０１４年４月に消費税は５％から８％へと３％引き上げられましたが、消費増税に伴う増収分８・４兆円のうち４割近い３・２兆円が基礎年金の財源に回されています。また、消費税８％は国税６・３％と地方税１・７％に分けられていますので、この時の消費増税に伴う国税増加分は６・４兆円でした。つまり、国税に限れば、３％の消費増税に伴う増収分６・４兆円の５割に相当する３・２兆円が基礎年金支給の財源に回された格好になっているのです。

基礎年金の給付額の2分の1を税金で賄うようにしたのは、税金を投入しないと現役世代から徴収する年金保険料がどんどん上昇してしまうからです。現在サラリーマンが加入する厚生年金の保険料は月額報酬（正確には「標準報酬月額」）の18・３％で、それを本人と企業側がそれぞれ9・15％ずつ折半で負担しています。

現在の18・３％という厚生年金保険の料率は、２０１７年まで毎年引き上げられることを定めた２００４年の政府の年金改革で国が決めた上限の保険料率で、今後はこの保険料率が維持されることになっています。つまり、厚生年金保険料率はもう引き上げることが難しい水準まで引き上げられているのです。それは、今後増え続ける年金給付の財源を確保するためには、税金を投入するしかないということでもあります。

ともあれ、基礎年金給付額の2分の1を税金で賄うことになっていることで、「年金特別会計」は収入が支出を上回る形を保っています。そしてこの「年金特別会計」の黒字部分がGPIFへ寄託されることで、GPIFの運用資産は膨れ上がっているのです。

GPIFの「2018（平成30）年度 業務概況書」によると、2018年度には「年金特別会計」からGPIFに対して1兆6283億円が寄託され、運用収益などの一部7300億円がGPIFから「年金特別会計」に納付された格好となっています（P.79の**図表3**）。このGPIFから「年金特別会計」への納付金は年金給付などに使われています。

では日本の公的年金資金の運用を行っているGPIFの運用はうまくいっているのでしょうか。

GPIFが多額の損失を出しても年金給付に影響はない理由

「世界最大の機関投資家」として多額の公的年金資金を運用するGPIFは、2018年

図表3◎寄託金の増減等

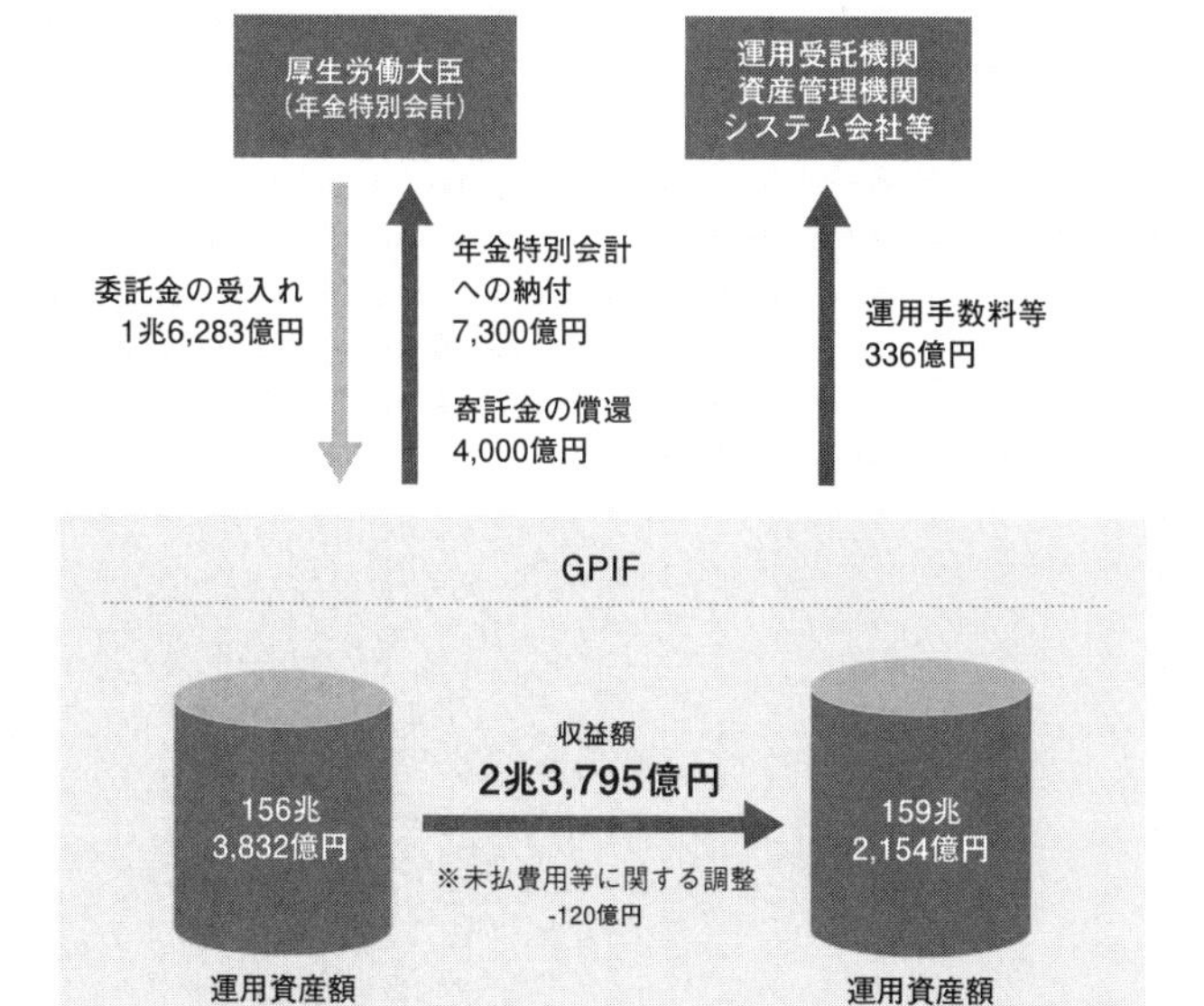

2017年度末運用資産額 156兆3,832億円 ＋ 寄託金の受入れ 1兆6,283億円 ＋ 収益額 2兆3,795億円

－ 年金特別会計への納付 7,300億円 － 寄託金の償還 4,000億円 － 運用手数料等 336億円 － 未払費用等に関する調整 120億円

2018年度末運用資産 ＝159兆2,154億円

（注）「運用手数料等」は、運用手数料のほか業務経費や一般管理費等を含んでいます。運用手数料等の費用については、発生した年度の費用として計上して おり、同様に、収入についても発生した年度に計上しています。これらについては、計上した年度には運用資産額は必ずしも増減せず、支払いもしくは受取りが行われた年度に運用資産額が増減することになります。

（出典）GPIF「2018（平成30）年度 業務概況書」2019年7月5日

度（２０１9年3月まで）に2兆３７９５億円の収益を上げ、公的年金資金の市場運用を始めた２００1年度からの収益累計が65・8兆円に達したと報じられています。しかし、常に順調に収益を上げてきたわけではありません。

ＧＰＩＦは、２０１5年度には第2四半期（２０１5年7月から9月期）に7兆８８９９億円、第4四半期（２０１6年1月から3月期）に4兆７９９０億円の損失を計上し、年度を通しても5兆３０９８億円の損失を計上しています。さらに、２０１6年度第１四半期（２０１6年4月から6月期）には5兆２３４2億円、２０１7年度第4四半期（２０１7年1月から3月期）には5兆５４０8億円の損失に見舞われたほか、２０１8年度第3四半期（２０１8年9月から12月期）には米国を中心とした世界的な株安に円高が加わったこともあり、14兆８０３8億円という大きな損失計上を余儀なくされています。

このようにＧＰＩＦはたびたび多額の損失計上に見舞われているのです。そしてその度に一部のメディアで公的年金が破綻するかのように大きく取り上げられる一方、政府は一貫して「短期的な運用結果が年金財政の問題に直結したり、年金給付に直ちに影響を与えたりすることはない」と全く意に介さないようなコメントを出す光景が繰り返されました。

では本当にＧＰＩＦが運用で大きな損失を出しても年金給付には支障はないのでしょうか。

政府がＧＰＩＦの多額の損失計上にもかかわらず落ち着いていられるのは、現在の年金給付が現役世代から徴収する年金保険料と税金で賄われていて、ＧＰＩＦの運用資産が財源として使われていないからです。

現在年金給付の財源としてＧＰＩＦが管理運用する資金は使われていないのですから、ＧＰＩＦが短期的に数兆円、時には10兆円を超えるような損失を計上しても政府は「年金給付に直ちに影響を及ぼさない」と他人事のようにしていられるのです。

ＧＰＩＦの運用失敗が直ちに現在の年金給付に影響が及ぶのであれば政府はこんなにのんびりはしていられません。年金支給額の減額を余儀なくされ、それが年金受給者である世代の反発を招いて選挙結果に悪影響が出ることは必至だからです。しかし、現在の年金受給者への年金支給は現役世代から徴収した年金保険料と税金で賄われており、ＧＰＩＦの運用成績とは切り離されています。こうした状況なので、安倍政権はＧＰＩＦの運用成績に無頓着でいられるのです。そして、ＧＰＩＦの運用失敗が、現在の年金給付に影響が及ばない状況になっていることが、ＧＰＩＦの資金をアベノミクスの成果を演出する道具に使おうとさせた要因であるともいえるのです。

前述のように、２０１４年10月31日に、ＧＰＩＦは日銀の追加金融緩和にタイミングを合わせるように、従来の「国債偏重型」基本ポートフォリオを、内外株式の比率を高めた「リスク選好型」へと変更しました。

これにより、当然ＧＰＩＦの運用成績は内外株の動向の影響を強く受けるようになりました。２０１５年度以降、ＧＰＩＦがたびたび大きな損失を計上するようになったのも、内外の株式市場や為替の影響を受けやすくなったからに他なりません。

もしＧＰＩＦの運用成績が現在の年金受給者の年金支給額に直接影響を及ぼすものであれば、おそらく「消えた年金問題」で一度政権を手放さなければならなくなった苦い経験を持つ安倍政権がＧＰＩＦの基本ポートフォリオをリスク選好型に変更することはなかったかもしれません。

選挙への影響という観点からみれば、基本ポートフォリオの変更によってＧＰＩＦの運用成績が内外株や為替市場の影響を強く受けるようになるリスクよりも、ＧＰＩＦの多額の運用資金を内外株に振り向けることによって生じる円安・株高というリターンの方がずっと大きいという政治判断が働いたのだと思います。たとえＧＰＩＦが運用によって多額の損失を生んだとしても、そのことが直ちに年金給付に影響を及ぼさないわけですから、年金世代からの大きな反発を受けて選挙に不利になる可能性は低いのです。

公的年金を運用するGPIFの資産が、短期間とはいえ5兆円や10兆円も減るということは大きな問題ではあります。しかし、「公的年金2000万円不足問題」が大きな騒ぎとなった今でもGPIFの運用成績が大きく変動することは大きな問題とはなっていません。それは、米国株式市場が史上最高値を更新するなど世界的に株式市場が好調なことでGPIFの運用が結果的に収益を積み上げているという事実があり、GPIFの資産が大きく目減りしても「直ちに年金支給に影響を及ぼさない」と信じ込まれているからです。

GPIFが2014年10月に基本ポートフォリオを「リスク選好型」に変更して以降も、中国が元切下げによって市場が動揺した2015年度を除いて毎年収益を上げてきているのは、内外株式市場とも好調だったからです。国内株式は自らの投資資金を投入したことに加え、日銀が異次元の金融緩和を強化し年間6兆円もの資金を株式市場に投入したことで株価は下支えされ、米国株式市場はトランプ大統領誕生を契機とした「トランプ相場」の恩恵を受け続けています。

GPIFが基本ポートフォリオを変更した2014年10月31日を基準にすると、2019年11月末までの5年1か月の間で日経平均株価は41・9%、東証株価指数（TOPIX）は27・4%上昇しているうえ、米国株はNYダウが61・3%、ナスダックは87・1%も上昇しています。

GPIFの基本ポートフォリオを変更して公的年金資産を株式市場に追加投入させ、「異次元の金融緩和」と称して日銀の資金を株式市場に投入するという日本自身の「自助努力」と、トランプ大統領誕生に伴う「トランプ相場」という「外的追い風」を受けて、これまではGPIFの基本ポートフォリオを「リスク選好型」に変更したことによる問題は顕在化してきませんでした。しかし、それが顕在化してこなかったことと、GPIFの運用上の問題の有無とは全く別問題だということは認識しておかなければなりません。

では、「世界最大の機関投資家」と称されるGPIFは、どのような運用上の問題を抱えているのでしょうか。

それを見れば今後GPIFが金融市場にどのような「北風」を吹き付けてくるかが想像できるでしょう。

第3章
GPIFの資産運用の問題点

「世界最大の機関投資家」が負っている宿命

2014年10月31日にGPIFが基本ポートフォリオを「リスク選好型」に変更してから も、GPIFは「外的追い風」もあって順調に収益を確保してきました。基本ポートフォリオの変更がこれまで結果オーライになってきたこともあり、GPIFが「世界最大の機関投資家」であるがゆえに一般の投資家とは異なる運用上の制約や宿命を抱えていることについては話題に上ることもありませんでした。

しかし、基本ポートフォリオの変更が今のところ結果オーライであるからといって、GPIFが「世界最大の機関投資家」であるがゆえに背負う宿命が変わることはありません。

では、「世界最大の機関投資家」であるGPIFが背負っている運用上の宿命とは何でしょうか。

それは「評価益を実現益に変えることはできない」ということです。

GPIFは、2001年に公的年金資金の市場運用が始まって以来2019年9月までの18年間に約67・9兆円の収益を生み、年率3・02%の収益率を得ていると公表しています。しかし、この67・9兆円という収益は、当たり前のことですが一般の投資信託などと同じように保有する株式や債券を時価評価した場合のものです。つまり、実際に市場で売却して確定した利益ではなく、評価損益を含んだ収益額です。

2014年10月31日に日銀が打ち出した「異次元金融緩和」の拡大に合わせるようにGPIFはその基本ポートフォリオを「リスク選好型」に変更することで国内株式の買付余力を作りました。この基本ポートフォリオ変更に基づいてGPIFは国内株式の持ち高を2014年9月末の23兆8635億円から2015年3月末には31兆6704億円まで約7・8兆円増やしたのです。

GPIFが半年間で国内株式の持ち高を約7・8兆円増やしたことで株価も大幅に上昇することになりました。GPIFの国内株式の運用においてベンチマークとなっている「TOPIX配当込み指数」は、基本ポートフォリオの変更を決めた10月末時点で1822・08ポイントでしたが、2015年3月末には2128・30ポイントまで306・22ポイント、16・8%もの上昇を記録することになりました。

こうした市場全体の上昇によって2014年9月末時点で23兆8635億円の評価であ

った国内株式の価値も27兆8725億円程度まで拡大したと考えられますので、こうした相場上昇の影響を考慮すれば、2014年10月31日に基本ポートフォリオの変更を実施したGPIFは、2015年3月末までに約3・8兆円の国内株式を買増したことが想像されます。

3・8兆とも推計されるGPIFによる大規模な買付が日本株の大幅上昇の原動力になったことは論ずるまでもないことです。しかも、株価上昇をもたらしたのは多額の買付規模だけではありません。「世界最大の機関投資家」が国内株式への投資を増やすというアナウンスメント効果が、実際の大規模な買付額と同じくらい大きなインパクトを及ぼしたことは想像に難くありません。

2014年9月末時点で130兆8846億円もの運用資産を持っていた「世界最大の機関投資家」と称されるGPIFが基本ポートフォリオを変更し、国内株式の資産構成割合を12%から25%へと倍に引き上げるならば、単純計算で約17兆円もの投資資金が日本株市場に流れ込んでくることになると誰もが考えることでしょう。このニュースを耳にした投資家は、ほぼ全員がGPIFに先んじて日本株に投資しようと考えるはずです。何しろ自分よりもずっと大規模な資金を持つGPIFが日本株に大量の資金を振り向けることが確定しているのですから、それはほとんど損をする可能性がない投資だからです。

時としてこうしたアナウンスメント効果が実際の買付効果を上回る場合すらあります。それが「世界最大の機関投資家」であるＧＰＩＦに関するものだとなればなおさらです。安倍政権はアベノミクスの効果を強く印象付けるために、「世界最大の機関投資家」であるＧＰＩＦによる国内株式の組入比率引き上げ決定というアナウンスメント効果を最大限に利用して日本株の上昇を誘った格好になりました。

しかし、「世界最大の機関投資家」によるアナウンスメント効果は、組入比率を引き上げる局面だけで発揮されるものではありません。逆もまた真なりで、「世界最大の機関投資家」が市場で売手に転じることになった際の逆アナウンスメント効果も世界最大級のものになることを忘れてはならないのです。

そして、金融市場の恐ろしい鉄則の一つは、「買う時の流動性はあるが、売るときの流動性はない」ということです。つまり、「世界最大の機関投資家」の買い情報に伴うアナウンスメント効果よりも、「世界最大の機関投資家」の売り情報によるアナウンスメント効果の方が、市場への影響度が大きくなるのが普通なのです。

ＧＰＩＦは２００１年から２０１９年3月までの18年間に65・8兆円の収益を上げてきました。そして、この65・8兆円にも及ぶ大きな収益の46・2％に相当する30兆３７９３億円は基本ポートフォリオ変更を行った２０１４年度以降の5年間で稼ぎ出したものです。

さらに、この5年間に獲得した30兆３７９３億円の収益のうち、国内株式で37・６％の11兆４１００億円の収益を上げており、それは41・2％、12兆５２０１億円の収益を上げた外国株式に次ぐ規模になっています。つまり、２０１４年度以降の5年間で稼ぎ出した収益額の78・8％、8割近くは国内株式と外国株式という内外株式で得たものになっているのです。

２０１４年10月31日に行った基本ポートフォリオ変更は、ＧＰＩＦの運用収益拡大に大きな貢献をしてきました。しかし、基本ポートフォリオ変更によって稼いだとされている運用収益も、今後は絵に描いた餅になる可能性を秘めていることには注意が必要なのです。

仮にＧＰＩＦが年金給付に必要な財源を確保する目的でこの多額の収益を確定しようとしたらどうなるでしょうか。収益を確定するためには市場で保有資産を売却し、現金に変える必要があるのです。

２０１９年６月末時点で１６０兆６６８７億円という大規模な運用資産を誇るＧＰＩＦは国内株式を37兆７６４２億円保有しています。２０１４年度以降の５年間で国内株式によって11兆４１００億円の収益を上げていることからすると、仮にその１割、１兆１４１０億円の収益を確定しようとしたら、単純にいうと保有している国内株式の１割を売却すればいい計算になります。国内株式の保有額は37兆７６４２億円ですから、１兆１４１０億円の利益を確定するためには、単純計算で３兆７７６４億円を市場で売却する必要があることになるのです。

前述したように、２０１４年10月31日に基本ポートフォリオを変更したＧＰＩＦは、その後２０１５年３月末までの５か月間の間に推計で３兆８０００億円程度の国内株式を買い付けています。つまり、この５年間に国内株式への投資で獲得した11兆４１００億円の収益の１割を実現益に変えるためには、単純計算上基本ポートフォリオを変更した際に新たに買い付けた金額約３兆８０００億円とほぼ同規模の国内株式を売却する必要があるということになります。

２０１４年10月31日に基本ポートフォリオを変更してから２０１５年３月末までの５か

月間にＧＰＩＦが推計3兆８０００億円強の国内株式を追加購入したことで、ＴＯＰＩＸ配当込み指数は１８２２・08ポイントから２１２８・30ポイントまで16・８％上昇しました。

「買う時の流動性はあるが、売るときの流動性はない」という市場の鉄則に則れば、たとえ買い付け金額と売却金額がほぼ同額だとしても、市場価格への影響は売却時の方が大きなものになる可能性が高いのです。しかも売り手が「世界最大の機関投資家」と称されるＧＰＩＦであればそのアナウンス効果も加わりますからなおさらです。

単純にいえば、ＧＰＩＦが「世界最大の機関投資家」だということは、ＧＰＩＦの売りを単独で吸収できる投資家がこの世に存在しないということです。「世界最大の機関投資家」であるＧＰＩＦが基本ポートフォリオを変更した際には、日本株への投資配分を17兆円増やすということを耳にした投資家が、より高い価格でＧＰＩＦに売りつけることができると確信しＧＰＩＦに先回りして日本株を購入したことで、相場は大きく上昇しました。

では、こうした投資家が、ＧＰＩＦが日本株を売却するという方針に接した際にはどのような投資行動をとるでしょうか。

常識的に考えられることは、ＧＰＩＦに先んじて日本株をＧＰＩＦよりも高い価格で売却しようとすることです。こうした投資家の行動によって、ＧＰＩＦは希望する価格よりも低い価格で売却することを迫られることになるのです。

また、日本株への投資配分を増やす意図を持っている投資家がいたとしても、資金規模では「世界最大の機関投資家」であるＧＰＩＦに太刀打ちできませんから、ＧＰＩＦの売り物に真正面から買い向かっていくことはあり得ない話です。つまり、たとえ日本株の投資配分を増やそうとする投資家がいたとしても、彼らはＧＰＩＦの資産を評価している時価で買ってくれる投資家ではないのです。

２０１４年10月31日にＧＰＩＦが基本ポートフォリオを変更してから5か月間で推計3・8兆円の国内株式を購入したことでＴＯＰＩＸ配当込み指数が16・8％の大幅上昇を記録しましたが、反対にＧＰＩＦがほぼ同額の国内株式を売却することになったらＴＯＰＩＸ配当込み指数の下落率は上昇時の16・8％を大きく上回る可能性が高いと考えなければなりません。それが市場のシビアな現実なのです。

この原稿を書いている２０１９年12月時点で、日経平均株価は米中貿易交渉の第一弾合意などを好感して1年2か月ぶりに2万4000円台に乗せてきました。仮にGPIFがこの株価水準から評価益の1割を実現益に変える目的で3・8兆円の国内株式の売却を始め、日経平均株価とTOPIX配当込み指数がともに16・8%下落すると仮定した場合、日経平均株価は2万円前後まで4000円前後下落する計算になります。

これに、売却時の方が買付時よりも市場インパクトが大きくなる可能性が高いことを考慮すれば、GPIFが基本ポートフォリオの変更を決めた2014年10月31日の1万6413円前後まで下落してしまうケースもあり得ない話ではないといえそうです。つまり、「世界最大の機関投資家」であるGPIFが、この5年間で積み上げた収益額の1割を実現益に変えようとするだけで、株価が元の水準に逆戻りしたとしても決して不思議なことではない状況なのです。

株価が元に戻るだけなら別に大したことではないと感じる人も多いかもしれません。しかし、株価水準が、GPIFが基本ポートフォリオ変更を決めた2014年10月31日の水準に戻るということは、2014年度以降の5年間に上げてきた11兆4100億円の収益の1割に相当する1兆1410億円を実現益として確保することと引き換えに、残りの10兆2690億円の収益のほとんどを失うということなのです。もちろん、2014年10月

31日の水準に戻ることが確定している訳ではありませんが、収益の一部を実現益に変える度に、残りの評価益の多くが失われていく構図は変わらないのです。下落相場の中で資産の現金化を図ることの恐ろしさは、日本人は1990年のバブル崩壊局面でも痛感しているのです。

GPIFが基本ポートフォリオを変更した2014年10月直前の9月末時点でGPIFの国内株式への投資比率は18・23％、投資金額は23兆8635億円でした。それに対して2019年6月末時点での国内株式への投資比率は23・5％、投資金額は37兆7642億円と投資比率で5・27％、投資金額にして13兆9007億円も多くなっています。実現益を確保するために国内株式の1割、3兆7764億円を売却したとしても投資金額は約34兆円と2014年9月末時点よりも10兆円以上も多く、国内株式の構成比も24％前後と6％弱も高い状況であり、株価の変動の影響を受けやすくなっています。これは換言すれば評価益を実現益に変え難い状況になっているということでもあります。

「世界最大の機関投資家」であるGPIFは、評価益を実現益に変えることができないという宿命を背負っている。

これが、政府やGPIFの運用戦略を決めている有識者たちや、日本の投資家が見逃している「世界最大の機関投資家」が抱える宿命であり、マーケットの厳しい現実なのです。

GPIFの運用方針は運用経験のない専門家が決めている

こうした運用に関する厳しい現実は、資産運用の実践経験を持っていれば当然知っていることです。

「基本ポートフォリオの変更は、厚生労働大臣が任命する金融・経済の専門家で構成される運用委員会において、資金運用に関し一般的に認められている専門的な知見に基づき、本年6月以降、運用委員会7回、検討作業班6回、計13回にわたる審議を経て承認の議決がなされた後、理事長から厚生労働大臣あて認可申請を行い、10月31日認可を受け、同日施行しました」（GPIF「年金積立金管理運用独立行政法人の中期計画〈基本ポートフォリオ〉の変更」2014年10月31日）

基本ポートフォリオの変更に際してGPIFは「金融・経済の専門家で構成される運用委員会」で計13回にわたる審議を行ったうえで議決をし、厚生労働大臣からの認可を受けたとしています。これだけの回数の議論を重ねても「世界最大の機関投資家」と称されるＧＰＩＦは「評価益を実現益に変えることができないという宿命を背負っている」リスクに気付けなかったのは、運用委員会のメンバーとなっている「金融・経済の専門家」の中に資産運用の実践経験を持っている専門家がいなかったからでしょう。「世界最大の機関投資家」は机上では簡単に評価益を実現益に変えることができるかもしれません。しかし、現実の市場ではそれは夢物語にすぎないのです。

年金の運営が難しいのは、制度と運用の両方が複雑であるためです。年金給付や年金保険料の徴収といった実務に必要な専門家は「制度の専門家」「年金数理の専門家」であり、「運用の専門家」ではありません。２０１２年2月に起きたＡＩＪ投資顧問事件では、全国の厚生年金基金や企業年金基金がＡＩＪ投資顧問の虚偽の報告を見破ることができずに１５００億円近い多額の年金資金が消滅するという衝撃的な事件が起きました。

年金業務を専門に行っている厚生年金基金や企業年金基金が、あり得ない運用戦略を鵜呑みにし、虚偽の報告を見破ることができなかったのは、厚生年金基金の実務上の責任者である常務理事を筆頭に実務上必要不可欠な「制度の専門家」しかいなかったからです。その常務理事も多くは社会保険庁から天下りしてきた「制度の専門家」であり、「運用の専門家」であるどころか運用に関しては素人同然だったのです。

業務が複雑であるがゆえに、日常業務を回さなければならない年金業務の現場では「制度の専門家」が重要視される傾向が強くなっています。しかし、ＧＰＩＦの業務は公的年金の管理運用であり、保険料の徴収や年金給付といった年金実務ではありません。したがって、厚生年金基金などと異なり、本来ならばＧＰＩＦは日本で最高の「運用の専門家」を集結すべき機関のはずです。なかんずく公的年金の運用パフォーマンスに直結するＧＰＩＦの基本ポートフォリオの変更に関する議論は「運用の専門家」の英知を集結して行うべきだったといえるでしょう。

年金業務全体としては、保険料徴収や年金給付などの実務に関する「制度の専門家」、年金制度における財政状況の診断や年金制度のリスク管理などを行う「年金数理の専門家」、そして年金資産の運用に当たる「運用の専門家」の3部門の専門家が必要なのです。

しかし、金融リテラシー後進国の日本では「運用の専門家」の重要性が理解されず、「制度の専門家」と「年金数理の専門家」という「資産運用の実践経験を持たない専門家」たちによって運用方針の根底をなす基本ポートフォリオの変更が議論され決定されてしまったのです。

また、GPIFは2014年度の「業務概況書」の中で、2014年10月31日に基本ポートフォリオの変更を行ったのは、「厚生労働大臣から基本ポートフォリオの検討作業を前倒しするよう要請」があったからだということを明らかにしています。つまり、基本ポートフォリオの変更は、専門家が必要だと感じたから行われたのではなく、政府からの要請があったから実施されたもので、運用上必要だったか否かは定かではないのです。

基本ポートフォリオの変更の検討は、実施される1年前から始まっていました。

「平成24年12月に成立した安倍政権は、長引くデフレ不況からの脱却と日本経済の再生に向けて、①大胆な金融政策、②機動的な財政政策、③民間投資を喚起する成長戦略の『三本の矢』から構成される経済政策（アベノミクス）に取り組んでいる。

当有識者会議は、アベノミクスの『三本目の矢』である『民間投資を喚起する成長戦略』として策定された『日本再興戦略』（平成25年6月14日閣議決定）に基づき、公的・準公的資金について、各資金の規模や性格を踏まえつつ、運用（分散投資の促進等）、リスク管理体制等のガバナンス、株式への長期投資におけるリターン向上のための方策等に係る横断的な課題について提言を得るために、経済再生担当大臣の下に設置された」（内閣官房「公的・準公的資金の運用・リスク管理等の高度化等に関する有識者会議　報告書『㈵はじめに』」平成25年11月20日）

こうした報告書から窺えることは、GPIFの基本ポートフォリオの変更はアベノミクスの側面支援として検討されはじめたということです。その結果、GPIFは「現在、日本経済は長年続いたデフレからの転換という大きな運用環境の変化の節目にあります。このような状況を踏まえ、長期的な経済環境の変化に速やかに対応する観点から、来年度を待たず、この第2期中期計画における基本ポートフォリオを変更」（GPIF「基本ポートフォリオの変更について」）することになったのです。

つまり、GPIFの基本ポートフォリオの変更は政治主導で実施され、結論ありきの中で「資産運用の実践経験を持たない専門家」たちによって決定されていったということです。こうした現実を考えると、2014年10月31日の基本ポートフォリオの変更で「世界最大の機関投資家は評価益を実現益に変えることができないという宿命を背負っている」という運用面での厳しい現実が無視されてしまったのは致し方なかったのかもしれません。

しかし、金融・経済の専門家で構成されたGPIFの運用委員会が犯した誤りはこれだけではありませんでした。

分散投資効果が発揮できない環境下で実施された基本ポートフォリオの変更

ＧＰＩＦは基本ポートフォリオの変更から半年後の２０１５年3月に策定した「投資原則」の中で、「分散投資」を謳っています。基本ポートフォリオの変更によって国内債券の比率を下げ、内外株式への投資比率を高めたのも、分散投資を進めつつデフレからの脱却という経済環境の変化から収益を確保しようという目論見からだったはずです。

デフレからの脱却が進んで黒田日銀の目標である「２％の物価安定目標」が達成されるようになれば、国内債券の利回りは上昇し債券価格は下落する可能性が高くなるわけですから、国内債券への投資比率を引き下げる、あるいは期間の短い国債の比率を高めていくというのは投資理論上合理的な選択となり得ます。

同時に、デフレからの脱却が進むということは、景気が上向くということですから、企業業績の改善、それを反映しての株価上昇への期待が高まるので、国内株式の組み入れ比率を高めるというのも合理的な選択となり得ます。

このように「デフレからの脱却が進む」という経済環境の前提が正しいとしたら、国内債券への投資比率を引き下げ、国内株式への投資比率を高めるというのは、運用収益を上げるという面においては一つの合理的な判断だったといえます。

しかし、ＧＰＩＦが投資原則の一つとして掲げる「分散投資」（P．１０３の図表４）という面においては変更後の基本ポートフォリオは大きな問題を孕んでいるといえます。

「『一つの籠に卵を盛るな』という西洋のことわざがありますが、一般に資金運用は、特性の異なる資産に分散投資することが適切であるとされています。債券や株式のように、収益率の動きが異なる複数の資産に適切に分散して投資を行うことにより、長期的には、同じ収益率を見込む場合でも、収益率の変動幅をより小さくすることができます」

ＧＰＩＦは基本ポートフォリオの変更を行った２０１４年度の「業務概況書」で「分散投資」についてこのような説明を行っています。また、２０１８年度の運用状況を公開するウェブサイト上の記事でも

「複数の資産に投資することで、リスクを抑えながら期待収益率を上げる『分散投資

図表4◎分散投資効果（イメージ）

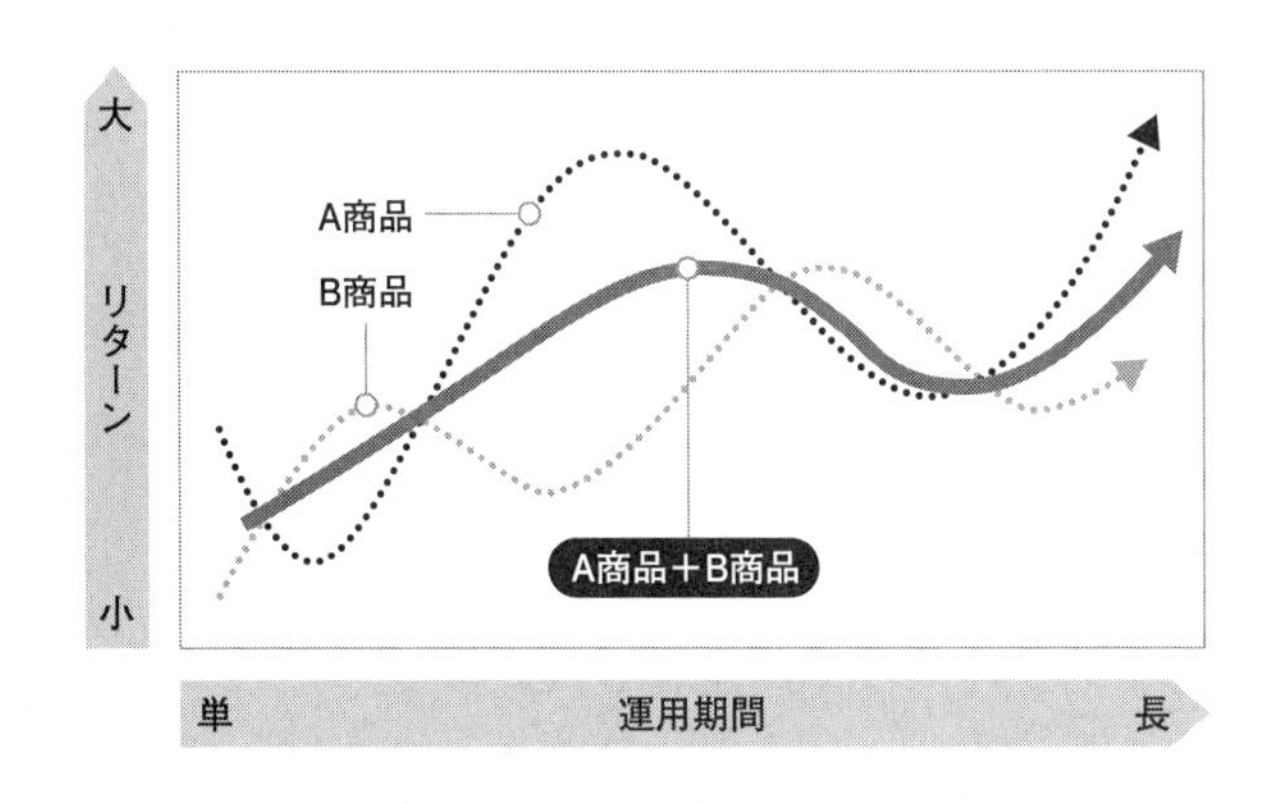

（出典）東海東京証券ウェブサイト「東海東京のiDeCo リスクを軽減させる『3つの方法』」

効果』を用いて、基本ポートフォリオ（長期的な観点からの資産構成割合）を策定しています」（GPIF「2018年度の運用状況」）

という説明をしています。

「一つの籠に卵を盛るな」ということわざで紹介される「分散投資」は、運用資産全体の収益率の変動幅をより小さくする、つまりリスクを抑える効果を発揮する代表的な投資手法です。

しかし、こうした「分散投資」の効果に対しては但し書きを付ける必要があります。

その付けるべき但し書きというのは、「金利があるときは」という条件です。

分散投資効果を発揮するための前提条件は「債券や株式のように、収益率の動きが異なる複数の資産」の存在です。長年投資の世界では「株と債券の動きは反対（逆相関）」という文言が当たり前のように使われています。仮に株と債券の動きが逆であれば、その二つの資産を組み合わせることで資産全体の収益率の変動幅をより小さくするという分散投資効果が期待できるということになります。

ＧＰＩＦも基本ポートフォリオの変更を実施する際に過去20年間の実際の市場データを用いて株と債券の相関関係を調べています。相関係数というのは二つの資産の動きがどの程度一致しているかを表す指標で、その強さをマイナス１からプラス１までの間の数字で示します。二つの資産が同じような動きをする時には相関係数の値が正（正の相関）になり、完全に一致する場合にはプラス１になります。また、二つの資産が反対の動きをする時には相関係数の値は負（逆相関）となり、完全に逆の動きをする場合にはマイナス１となります。そして、両者が全く同じ動きをする時には相関係数は「１」となり、全く両者に関係性がない場合の相関係数は「０」となります。

ＧＰＩＦが過去20年間のデータを用いて計算した結果（Ｐ．１０５の**図表５**）では、国内債券と国内株式の相関係数は「マイナス０・16」と逆相関になっており、弱いながらも国内債券と国内株式の動きは逆に動くことが示されています。逆の動きというのは、国内株式

図表5◎リスク･相関係数の設定

リスク(標準偏差)と相関係数については、
4資産とも過去20年のデータなど(注)を用いて推計しました。

リスク(標準偏差)

	国内債券	国内株式	外国債券	外国株式	短期資産	賃金上昇率
標準偏差	4.7%	25.1%	12.6%	27.3%	0.5%	1.9%

相関係数

	国内債券	国内株式	外国債券	外国株式	短期資産	賃金上昇率
国内債券	1.00	−	−	−	−	−
国内株式	−0.16	1.00	−	−	−	−
外国債券	0.25	0.04	1.00	−	−	−
外国株式	0.09	0.64	0.57	1.00	−	−
短期資産	0.12	−0.10	−0.15	−0.14	1.00	−
賃金上昇率	0.18	0.12	0.07	0.10	0.35	1.00

(注)国内債券のリスクの計算においては、将来のデュレーションの長期化を考慮しています。
(出典)【資料】GPIF「基本ポートフォリオの変更について」2014年10月31日

が下落する局面では国内債券の価格が上昇（利回りは低下）し、国内株式が上昇する局面では国内債券の価格が下落（利回りは上昇）するということです。

このように国内株式と国内債券が逆方向に動く（逆相関）のであれば、国内株式と国内債券の両方に資産を割り振ることで、国内株式が下落する局面では債券価格の上昇によって資産全体の価格下落を少なくし、国内債券が下落する局面では国内株式が上昇することで資産全体の価格下落を防ぐ形で資産全体の収益の安定化が図れるということになります。

ＧＰＩＦは過去20年間のデータを用いて検証した結果、国内株式と国内債券が逆相関の関係にあることから、国内株式を増やして国内債券を減らしても分散投資効果はあるという判断をしたようです。しかし、過去20年間という長期間のデータを用いた結果が逆相関だったからといって、今後も分散投資効果が期待できると結論づけるのは余りに短絡的だといえます。

それは、ＧＰＩＦが基本ポートフォリオの変更を実施した２０１４年10月31日時点で日本10年国債の利回りは０・44％と、既に０％に近い水準にあったからです（Ｐ．１０７の**図表６**）。

債券の利回りがマイナスの場合には、その利回り（債券価格は利回りから逆算される）で債

図表6◎日経平均株価と日本10年国債利回り

※図表は筆者が作成

券を購入した投資家は、その債券を償還まで保有し続けた場合必ず損失を被るということです。投資収益を求める投資家が、損失を被ることが確定しているマイナス利回りの債券に投資するということは、経済合理性からはあり得ないことです。

日本を含めて世界でマイナス利回りの債券が増えていますが、それは経済合理性に囚われない中央銀行がマイナス利回りの債券を市場で購入するなど、幾つかの金融的特殊要因が働いているからです。

実際に２０１９年12月中旬の日本国債の利回りは10年債まで全てマイナス利回りとなっており、国債利回りが絶対にマイナスにならないというわけではありませんが、分散投資効果の検証は経済合理性を前提にして行うべきであり、中央銀行が「異次元の金融緩和」と称して損失を全て引き受けるという異常な金融政策を未来永劫続けることを前提に行うべきではありません。

つまり、分散投資効果の検証は、国債の利回りは０％までしか下がらないという前提で行う必要があるということです。

ＧＰＩＦが基本ポートフォリオの変更を決めた時点で日本の10年国債利回りは０・44％と、「異次元の金融緩和」の影響により０％に向かって低下し続けていました。つまり、経済合理性からはこの時点で10年国債利回りの低下余地は０・44％しかなかったのです。

基本ポートフォリオの変更後の2015年3月末時点でGPIFの国内債券保有額は56兆7037億円、国内株式の保有額は31兆6704億円でした。この時点で日本10年国債の利回りは基本ポートフォリオの変更を決めた時からさらに低下し、0・398%となっていました。つまり、経済合理性からいうと、金利低下余地は0・398%まで減っていたのです。

このわずか0・398%の金利低下余地、換言すれば債券価格の上昇余地が、分散投資効果によって国内株式の下落を埋め合わせられる限界ということです。債券利回りの低下（債券価格の上昇）で株価の下落を埋め合わせられる規模は計算によって推計することが可能です。専門的になるので計算式は省略しますが、2015年3月末時点で国債利回りが0・398%から0%まで低下することによって生じる債券評価益増加分は推計約1・8兆円でした。

この約1・8兆円が31兆6704億円分の国内株式の下落を分散投資によって埋め合わせることのできる計算上の上限額となるわけです。この約1・8兆円は国内株式保有額31兆6704億円の約5・7%に相当しますので、単純にいうと株価の5・7%程度の下落までは、分散投資効果による債券価格の上昇で株式投資による損失を埋め合わせられる可能性があるということです。

２０１５年3月末時点での日経平均株価は１万９２０６円でしたから、その５・７％に相当する１０９５円程度までの下落、水準的には１万８１１２円ぐらいまでの下落なら理屈上分散投資効果に期待してもおかしくはないことになります。

同時にそれは、日経平均株価が１万８０００円を割り込むような下落が生じた場合には、国内株式と国内債券の組合せによる分散効果では株式の損失を埋め合わせることができないということでもあります。

ＧＰＩＦは20年間のデータを用いて国内株式と国内債券の相関係数を計算し、逆相関にあるという理由で分散投資効果が発揮されるという結論を出しています。しかし、ＧＰＩＦが検証した20年間を振り返ってみると、20年前の１９９４年の10年国債利回りは４％台であり、十分な金利低下余地がありました。さらに、１９９４年から20年間の10年国債利回りの単純平均は１・７％ですから、すでに利回りが０・44％まで低下して低下余地が限られる中で分散投資を使っていいか否かには大きな疑問が残ります。

運用上重要なことは、債券利回りは経済合理性に基づけば０％以下には下がらないので、0金利経済の下では十分な分散投資効果は期待できないということです。株価の下落余地に対して債券利回りの低下余地、債券価格の上昇余地が余りにも小さいからです。株式と債券を組み合わせることで分散投資効果が発揮されるのは、債券利回りに十分な低下余地がある時でしかないのです。

投資理論ではゼロ金利やマイナス金利は想定していません。資産運用の実践経験を持たない投資理論の専門家はこうした点まで考えが及ばなかったのでしょう。

２０１９年12月中旬の時点での10年国債利回りは▲０・０２５％と経済合理性からはあり得ないマイナス利回りになっており、低下余地が全くないといっていい状況にあります。こうした状況下で株価下落に見舞われたらどうなるのか、想像するのも恐ろしいことです。

国債利回りが経済合理性からは考えられない水準まで低下してきていることを考えると、株価が下落した場合には日銀が経済合理性を無視して国債をさらに購入し、債券利回りを低下させてＧＰＩＦの運用悪化を食い止めるしかありません。日銀が銀行収益の悪化といった副作用を意に介さずにマイナス金利政策の深掘りに意欲を見せ続けているのは、２０１４年10月31日の「異次元の金融緩和拡大」に合わせて国内株式の比率を高めた戦友ＧＰＩＦに対する忖度なのかもしれません。

第4章

早ければ
2020年から
GPIFは売手に回る?

確定給付型年金と確定拠出型年金

はじめに記したように、ＧＰＩＦが保有する資産の原資は全て過去に国民が収めた年金保険料です。つまり、ＧＰＩＦが保有する資産は国民のもので、いつかは国民に年金という形で戻すべきお金であるということです。ＧＰＩＦが保有する資産が国民のものであるということは、ＧＰＩＦは国民のお金を預かっているだけ、つまり国民からの借金だということです。この点が日銀によるＥＴＦ購入と、ＧＰＩＦによる株式投資の最大の違いなのです。そしてこの違いがこの先の金融市場に及ぼす影響の違いとなって出てくるのです。

さて、本著を手にしてくれている皆さんの中には厚生年金という公的年金に加えて、「４０１ｋ」という確定拠出型の企業年金に加入している方も多いのではないでしょうか。

公的年金に上乗せする形になっている企業年金には、年金給付額が資産の利回りに直接基づかず、加入者の勤務期間や給与などの要素に基づく計算式によって規定される「確定給付型年金」と、加入者が掛け金と運用方針を決めてその運用成果によって年金給付額が決まるという「確定拠出型年金」の二つがあります。一般的に「４０１ｋ」と呼ばれる年金は「確定拠出型年金」のことです。

２０１９年3月時点で見ると、「確定給付型年金」を採用している企業年金は1万３０００社弱で加入者数は９４０万人、「確定拠出型年金」を採用している企業が3万２６３５社、加入者は６８８万人となっています。

約７００万人もの方が加入している「確定拠出型年金」は今日では当たり前といってもいいくらいに浸透してきていますが、この制度ができたのは２００1年のことで、それほど長い歴史があるわけではありません。日本に「４０１ｋ」という「確定拠出型年金」の制度ができた２００1年当時は、加入者の99％が１９６２年に始まった税制適格退職年金と１９６６年に始まった厚生年金基金という「確定給付型年金」に加入していた時代でした（P．１１７の**図表7**）。

21世紀に入って企業年金が「確定給付型年金」から「確定拠出型年金」に大きく舵を切っていったのは、１９９０年に起きたバブル崩壊に伴う株価の大幅下落に「確定給付型年金」が耐えられなくなったからです。

あらかじめ将来の年金給付額が決められている「確定給付型年金」は、会社が運用の責任を負い、運用結果が悪ければ企業が不足分を穴埋めすることで従業員にあらかじめ約束した給付額を維持し、拠出から給付まで責任を負う企業年金制度です。

企業が従業員に給付額をあらかじめ約束しているということは、企業が従業員に対して借金をしている（負債を負っている）のと同じことになります。そのため、運用結果が悪ければ企業が将来支払うべき給付金から保有する積立金と将来入ってくる掛け金を差し引いた給付金の不足分を穴埋めしなければならないことに加え、この不足額は会計上会社で負債と認識され企業収益に悪影響が及ぶという問題がありました。

１９９０年に起きたバブル崩壊に伴う大幅な株価下落によって、「確定給付型年金」を採用する企業が保有する積立金は大きく目減りしてしまいました。「確定給付型年金」では、株価の下落による運用利回りが悪化しても支払う給付金は減りませんので、結果的に企業は大きな積立不足を抱えることになってしまいました。この積立不足は会計上負債と認識されますので、企業はバブル崩壊に伴う本業の不振に加え、株価の下落による多額の年金債務というダブルパンチを受けて企業収益の大幅な悪化に見舞われてしまうことになりました。

多くの企業がバブル崩壊による景気の悪化と年金債務の拡大というダブルパンチに見舞われたことで、運用責任は加入者（従業員）が負い、給付額が運用結果によって変動し、企業側に積立金不足が生じない「確定拠出型年金」が、収益の安定を目指す企業にとって

図表7◎確定給付型と確定拠出型の加入者数の割合の推移

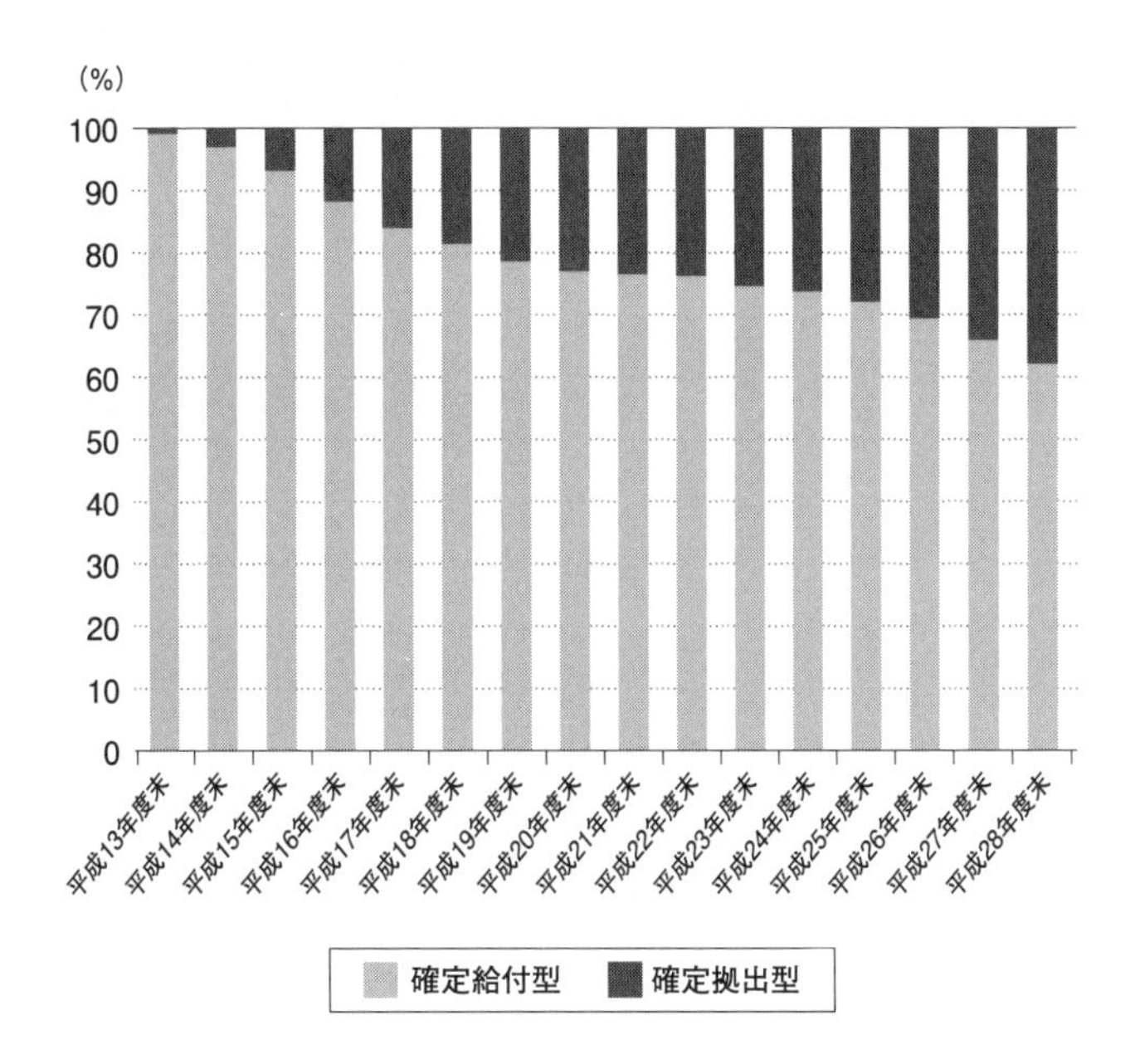

※確定給付型は厚生年金基金と確定給付企業年金の加入者数の合計、確定拠出型は企業型確定拠出年金の加入者数

(出典)厚生労働省「第20回社会保障審議会企業年金部会 2018年4月20日 参考資料2『企業年金制度の現状等について』」2018年4月20日

好都合な制度として脚光を浴びるようになったのです。

バブル崩壊に伴う株価の大幅下落により「確定給付型年金」を採用していた企業は、積立金不足による年金債務という大きな負担を背負うことになりました。バブル崩壊に伴う景気の悪化で企業収益が悪化する中で、この年金債務は企業にとって大きな重荷となりました。その結果、「確定給付型年金」を採用していた企業の中で、年金債務という呪縛からの解放を目指して年金制度を「確定拠出型年金」に変更する企業が増えていったのです。

こうした動きの先陣を切り、その流れを作っていったのは、野村證券をはじめとした大手証券会社でした。業界最大手の野村、日興、大和が相次いで「確定給付型年金」の厚生年金基金から脱退し「401k」に移行したことで、証券会社が母体となっていた日本証券業厚生年金基金は、「確定拠出型年金」の制度ができた2001年から4年後の2005年には解散を余儀なくされることになりました。大手証券会社から順に脱退をしていったために保険料収入が大幅に減ると同時に、株価低迷で運用も悪化し不足金が大きくなり、基金の存続ができなくなってしまったからです。

運用の専門家という立ち位置で、年金基金の資産運用を進めてきた大手証券会社が、運用成績低迷に伴う年金債務に耐えられずに真っ先に「確定給付型年金」から逃げ出したこということは、資産運用の収益によって年金債務を埋めていくことは極めて難しいという現実を如実に示していました。資産運用が一番得意なはずの大手証券会社が先頭をきって「確定給付型年金」から逃げ出したのですから、資産運用とは縁遠い業界の年金基金の運用が上手くいくわけはありません。

結局2012年2月に発覚したＡＩＪ事件で、厚生年金基金を中心に1500億円近い年金資金が消失し、1966年から続いてきた厚生年金基金という制度自体が廃止されることになったのです。

「確定給付型年金」から「確定拠出型年金」へという流れができたのは、企業にとって年金債務が財務上の負担になったからです。重要なことは、企業にとって加入者に将来支払う年金額から保有している資産額を差し引いた不足額は加入者に対する負債（借金）だということです。

微々たるものにすぎない「世界最大の機関投資家」の資産規模

安倍総理は約160兆円もの運用資産を持っているGPIFを「世界最大の機関投資家」と呼んでいます。それは、その資産規模に着目しているからです。

しかし、「確定給付型年金」であった厚生年金基金が制度ごと消滅に追い込まれたのは、単に資産規模の問題からではありません。将来支払うことを約束した年金給付額を、将来入ってくる年金保険料と現在持っている年金積立金（資産）から得られる収入で賄えなくなってきたから立ち行かなくなったのです。つまり、年金運用において単純に資産額の規模だけに着目して論じるのは全く意味がないことなのです。

「確定給付型年金」であるGPIFは約160兆円もの国家予算を上回る規模の資産を管理運用しています。しかし、国民にとって重要なことは、単純にGPIFの運用資産の規模自体ではありません。その資産規模が将来国民に支払うことを約束した年金給付金総額に対して十分なものなのかどうかが、つまり年金債務がどのくらいで、不足金がどのくらいあるのかということが重要なのです。

しかし、「世界最大の機関投資家」と称されるＧＰＩＦが２０１９年6月末時点で約１６０兆円の資産を保有していることは公になっていますが、日本の年金債務がどのくらいあるのかに関してはほとんど報じられておりません。

いくら政府が「年金制度は１００年安心」と繰り返したところで、年金債務がどのくらいあるのか、結果不足金がどのくらいあるのかが分からなければ、本当に「１００年安心」なのかどうか判断することはできないはずです。

日本の公的年金の債務に関しては5年ごとに行われている財政検証の中でこの先１００年間にわたる厚生年金、国民年金の給付金の合計額として一応示されています。２０１９年の財政検証でも様々なケースで将来の年金給付総額の推計値が示されていますが、それには様々な経済状況を想定した推計値を２０１９年の価格に換算するという金融的処理が加えられており、学者や研究者といった「制度の専門家」でなければ読んでも分からないようになっています。

様々なケースでの試算を見る限り、政府は今後１００年間の年金給付金の総額は、２０１９年の今の価格に換算して概ね２５４０兆円から３７４０兆円と見積もっているようです。ざっくりといえば、今後１００年で入ってくる年金保険料と、ＧＰＩＦが持っている資産とそこから得られる収入によって２５４０兆円から３７４０兆円の財源を確保すれば日本の年金は「１００年安心」だと理解していいのだと思います。

ただ、この概ね２５４０兆円から３７４０兆円という数字は賃金上昇率が１・６％〜３・６％、運用利回りが２・０％〜３・０％という比較的楽観的な想定の下で２０１９年の価格に換算した数字です。実際の賃金上昇率や運用利回りがこの想定よりも低くなれば年金制度が「１００年安心」と謳うために必要な財源は２５４０兆円から３７４０兆円よりも多くなるということは十分にあり得る話です。

楽観的な見通しを前提としたとしても、日本の年金制度が「１００年安心」といえるためには今後得られる年金保険料を含めて２５４０兆円から３７４０兆円の財源が必要になってきます。これに対して「世界最大の機関投資家」であるＧＰＩＦの資産は１６０兆円ほどでしかありません。ＧＰＩＦが管理運用している１６０兆円というのは資産規模としては世界最大かもしれませんが、年金制度が「１００年安心」というために必要な財源に比べたら微々たるものでしかないというのが現実なのです。

しかし、ＧＰＩＦの資金が年金制度は「１００年安心」と謳うために必要な財源に比べたら微々たるものでしかないからといって、年金制度が破綻しているという訳ではありません。なぜなら、日本の年金は現役世代が支払う年金保険料と国庫負担（税金）で毎年の給付額の大部分が賄われているため、ＧＰＩＦの資産規模や将来の年金債務の規模自体にはそれほど意味がないからです。

財政検証において楽観的ともいえる試算をしたうえで、２０１９年度の価格に換算した数字のみを公表しているのは、生の数字を公表すると年金制度が破綻しているかのような誤ったメッセージを与えパニックを引き起こしかねないからかもしれません。「所得代替率」が将来2割低下するというだけで大騒ぎになったことを考えても、日本の年金制度が「１００年安心」といえるためには２５４０兆円から３７４０兆円の財源が必要といった情報がそのまま流れてしまったら、大きな混乱を巻き起こすことは想像に難くありません。社会的混乱を回避するという意味では「曖昧にすることはいいこと」なのかもしれません。

「金融的には破綻している」日本の年金

ＧＰＩＦが「世界最大の機関投資家」だと豪語したところで、総資産は１６０兆円にすぎません。足元日本の公的年金給付額は年間50兆円強ですから、ＧＰＩＦが保有する資産規模は年間年金給付額の3年分程度にすぎないのです。GPIFは「世界最大の機関投資家」かもしれませんが、公的年金の債務残高に比較すればその資産は微々たるものでしかないというのが現実なのです。

GPIFの資金が足元の年金給付額の3年分程度にすぎないのに政府が「100年安心」と主張するのは、この先100年間の年金給付に必要な2540兆円から3740兆円の財源の大半は現役世代から徴収する保険料と国庫負担（税金）で賄われ、GPIFの積立金を財源として見込んでいるのは200兆円から400兆円と、全体の10％程度にすぎないからです。

年金給付の9割を現役世代から徴収する保険料と国庫負担で賄うかぎり、日本の年金制度が簡単に破綻することはないといえます。しかし、年金制度が破綻しないということと、国民が期待する状況が保たれるということは別問題です。

政府は日本の年金制度は「100年安心」と繰り返していますが、現実的には年金財源を確保するために年金保険料の引き上げ、消費税の引き上げ、年金給付額の減額、年金支給開始年齢の引き上げといった措置がとられてきています。これらの措置は、売掛金の回収を早め、債務の弁済を減らし、買掛金の支払いを先延ばしするという破綻企業に対する延命策とほぼ同質のものです。つまり、日本の年金は、年金制度自体は「100年安心」なのかもしれませんが、年金財政という点では「金融的には破綻している」状況にあるといっても過言ではない状態にあるのです。

「金融的には破綻している」ということは、今のままでは今の年金制度や給付水準を維持できないということです。それが年金給付額の減少なのか、年金保険料の引き上げなのか、増税なのか、はたまたこれらをミックスしたものなのかは定かではありません。2019年の財政検証で「所得代替率」が楽観的な見通しでも2割程度低下する可能性が示されたのも、今の年金財政が「金融的には破綻している」ことの証しでもあります。

では、「金融的には破綻している」といえる年金財政を「世界最大の機関投資家」であるGPIFの運用で救うことはできるのでしょうか。残念ながらそれは不可能です。財政検証の結果からも明らかにされているように、GPIFの積立金が年金財政に占める割合は10％程度にすぎませんし、GPIFが管理運用している160兆円という積立金の規模は直近の年金給付額の3年分程度にすぎないのですから。

GPIFが過去に15兆円程度運用資産を減らしても年金給付額に影響を及ぼさなかったのは、GPIFの運用が年金財政全体には影響を及ぼさない仕組みになっているからだというのはこれまで説明してきたとおりです。一方でＧＰＩＦは市場運用を始めた２００１年度から２０１９年９月までに年率３・02％の運用利回りを上げ、累計66・１兆円の収益を生み出したことをアピールしていますが、ＧＰＩＦが稼いだとする収益は年金財政全体からしたら気休め程度のものでしかないのが実態です。それは、ＧＰＩＦが累計67・９兆円もの収益を上げてきていながら、年金保険料は引き上げられ、年金給付年齢も引き上げられ、年金給付水準が引き下げられていることを見れば明らかなことです。

ＧＰＩＦの運用収益というのは、良くも悪くも日本の年金制度全体には大きな影響を及ぼさないのです。18年かけて積み上げてきた66兆円という収益が現在の年金給付額の１年分強にすぎないことや、これだけの運用実績を上げても年金給付額は下がり、年金給付開始年齢は引き上げられていることからも明らかなようにＧＰＩＦの運用が年金財政の救世主になることがあり得ないのは明らかなのです。政府がＧＰＩＦの短期的な運用成績に一喜一憂しないのも、基本ポートフォリオを内外株式中心の「リスク選好型」に変更したのも、ＧＰＩＦが年金制度全体として見たら小さな存在だと認識しているからに他なりません。

小さすぎるGPIFと大きすぎるGPIF

GPIFが上げる運用収益は年金財政全体から見たら微々たるもので気休めにしかなりません。それは年金財政が抱えている年金債務に比較して「世界最大の機関投資家」であるGPIFが保有している積立金があまりにも小規模なものだからです。

しかし、2500兆円とも3500兆円とも見積もられている年金財政全体から見たら微々たる存在でしかないGPIFですが、時価総額が660兆円の日本の株式市場では「クジラ」と称されるほど大きな存在となっています。このように「小さすぎるGPIF」と「大きすぎるGPIF」の二面性を持ち合わせているGPIFですが、今後は「大き過ぎるGPIF」の負の部分が日本経済に襲いかかることになる可能性が高まってきているのです。

GPIFが管理運用している資産は、これまで国民が支払ってきた年金保険料のうち、給付に使われなかった分がプールされたものです。そして、GPIFにプールされてきた資産は、この先年金給付の財源の一つとして使われることになっています。

２０１９年8月に公表された「２０１９（令和元）年財政検証結果のポイント」では、真っ先に日本の年金制度を検討するうえでの前提条件ともいえる「２００４（平成16）年年金制度改正における年金財政のフレームワーク」が掲げられています。

「年金財政のフレームワーク」の中では三つの項目が挙げられていますが、その中の一つとして「積立金の活用」が掲げられています。この「積立金の活用」に関しては「概ね１００年間で財政均衡を図る方式とし、財政均衡期間の終了時に給付費1年分程度の積立金を保有することとして、積立金を活用し後世代の給付に充てる」と明記されているのです。

つまり、現在約１６０兆円もの資産を抱え「クジラ」として畏れられている「世界最大の機関投資家」ＧＰＩＦの積立金は、今後年金給付金の財源に使うために取り崩されていくことが決まっているのです。

しかも、ＧＰＩＦの資金が取り崩され、年金給付に充てられるようになるのはそんなに遠い将来のことではありません。ＧＰＩＦが運用状況を報告している「業務概況書」の２０１８年度版に掲載されている２０１４年財政検証に基づく資料（P．１２９の**図表8**）によると、ＧＰＩＦの資産の取り崩しが始まり年金給付の財源として使われるようになるのは２０３５年頃と、15年ほど先のことだとされています。

図表8◎厚生年金の財源の内訳（平成26年財政検証）

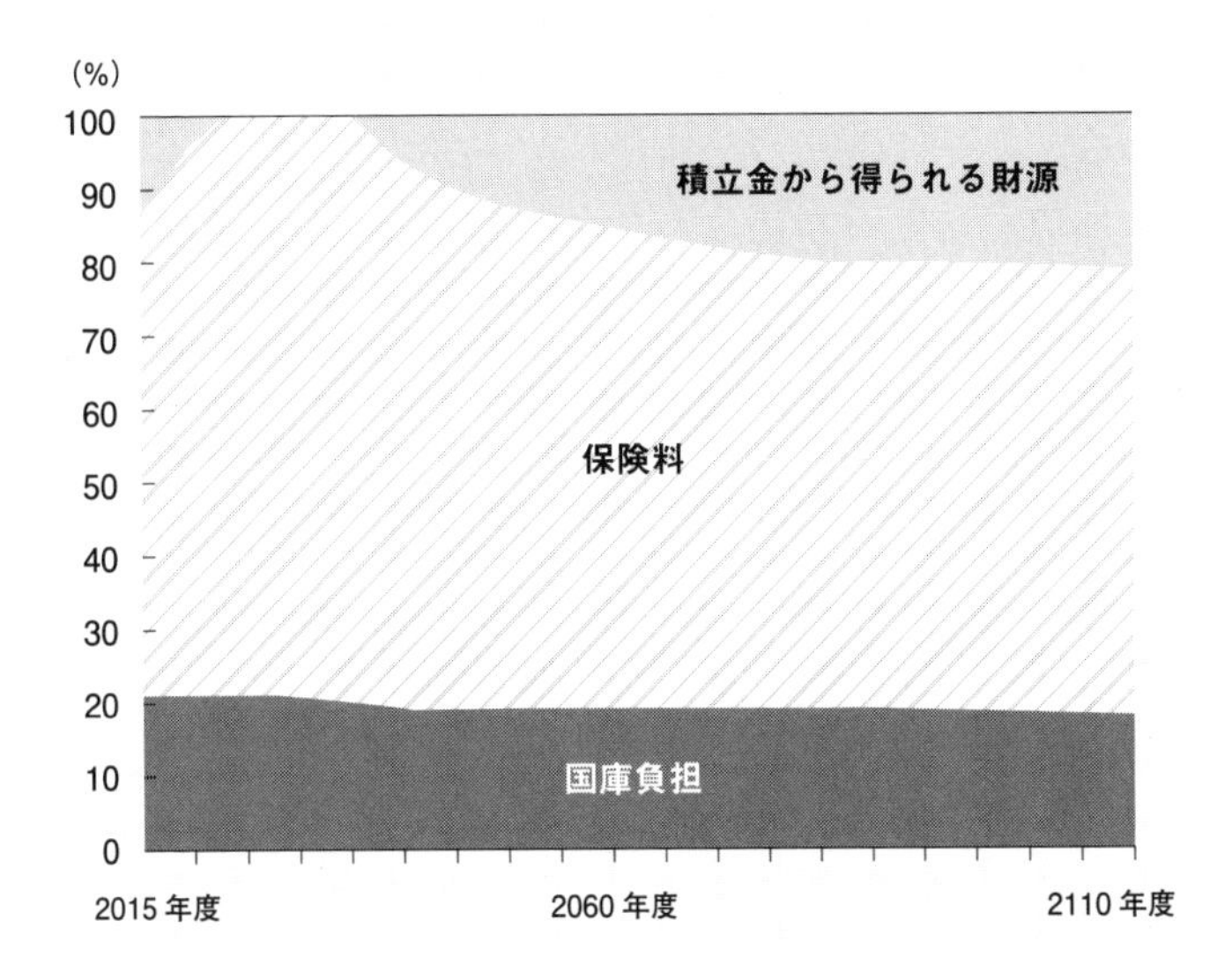

※1　長期的な経済前提は、物価上昇率1.2%、賃金上昇率（実質<対物価>）1.3%、運用利回り（スプレッド〈対賃金〉）1.7%、人口は出生中位、死亡中位です。
※2　財政均衡期間における給付は1,920兆円（2014年度価格）です。
（出典）GPIF「2018（平成30）年度 業務概況書」2019年7月5日

しかし、２０１９年8月に公表された「財政検証の結果」を見ると、ＧＰＩＦの資産が年金給付の財源として使われるのはもっと早くなる可能性が高いことが示唆されています。

これまでＧＰＩＦの運用成績悪化によって四半期に15兆円程度の資産の目減りがあっても政府が「年金給付に直ちに影響を及ぼすものではない」として落ち着いていられたのも、各年度の給付金は保険料収入と国庫負担（税金）で賄われており、ＧＰＩＦの積立金に依存していなかったからです。そして、ＧＰＩＦの積立金に依存せずに各年度の年金給付ができていたことが、政府がＧＰＩＦの基本ポートフォリオをハイリスク・ハイリターン型に変更させることができた大きな理由だったはずです。

また、ＧＰＩＦが株式市場で「クジラ」と畏れられていたのは、ＧＰＩＦの積立金が年金給付金の財源として使われていないことで増え続けてきたからです。積立金が増え続けてきたためにＧＰＩＦは株式市場で「世界最大の機関投資家」として存在し続けその威光を保ってこられたのです。

しかし、ＧＰＩＦがこれまでの威光を保てる時間はそう長くはないかもしれません。

２０１４年の財政検証の時点では、ＧＰＩＦの積立金が年金給付の財源として本格的に使われ始めるのは２０３５年頃だとみられていました。しかし、２０１４年の財政検証時から5年経過した今回の財政検証では、2019年から年金支給額を抑制するための「マクロ経済スライド」の運用が始まったことなどもあり、所得代替率をはじめとした様々な項目の見通しも修正されました。

その中で年金給付の財源の内訳も修正がなされています。公表された資料「公的年金の給付と財源の内訳（バランスシート）」の中では、79通りもあるケースのうちの三つのケースが示されています。

まず示されているのは、物価上昇率2・0%、賃金上昇率（実質〈対物価〉）1・6%、GPIFの運用利回り（スプレッド〈対賃金〉）1・4%を想定したケース（P.133の**図表9**）です。「実質〈対物価〉」とか「スプレッド〈対賃金〉」という回りくどい表現になっているので理解しにくいのですが、この表現どおりに素直に読めば、賃金上昇率＝1・6%＋2・0%＝3・6%、運用利回り＝1・4%＋3・6%＝5・0%ということではないかと思われます。

日銀が「2%の物価安定目標」達成を目指して6年半「異次元の金融緩和」を続けても2019年11月の消費者物価指数（生鮮食品を除く総合）は前年同月比で0・5%しか上昇していないこと、毎月勤労統計調査による実質賃金も前年同月比で0・1%しか上昇していないこと、2001年度の運用開始以来のGPIFの運用利回りが年率3・02%であることを考えると、この物価上昇率2・0%、賃金上昇率3・6%、運用利回り5・0%というのは、理想形を超えて非現実的な想定だともいえるものです。

この理想形を超えた非現実的なケースで見ても、2035年頃からGPIFの積立金が給付金の財源として使われ始め、2050年過ぎには財源の15%強を占めるようになることが想定されているのです。

年間の年金給付金総額はケースによって若干異なりますが、マクロ経済スライド実施もあり当面50兆円前後で推移すると推定されていることから、取り崩されるGPIFの積立金の規模は年間3兆円~7兆円程度だと想定されます。

GPIFの積立金の取り崩しが始まるのが2035年頃だと聞くと、まだまだ先のことだと思われるかもしれませんが、あくまでそれは現実離れした経済状況を前提とした理想的なケースの場合だということを忘れてはなりません。

年金給付の財源は現役世代の支払う年金保険料に頼っており、その額は標準報酬月額に連動しています。その肝心の実質賃金がほとんど伸びていない経済状況を鑑みると、もっと早い時期からGPIFの積立金の取り崩しが始まり年金給付金の財源として使われる可能性が高いといえます。

図表9◎公的年金の給付を財源の内訳①

2019（令和元）年財政検証〈経済：ケースⅠ　人口：中位〉

長期的な経済前提（ケースⅠ）

物価上昇率	2.0%
賃金上昇率（実質〈対物価〉）	1.6%
運用利回り（スプレッド〈対賃金〉）	1.4%

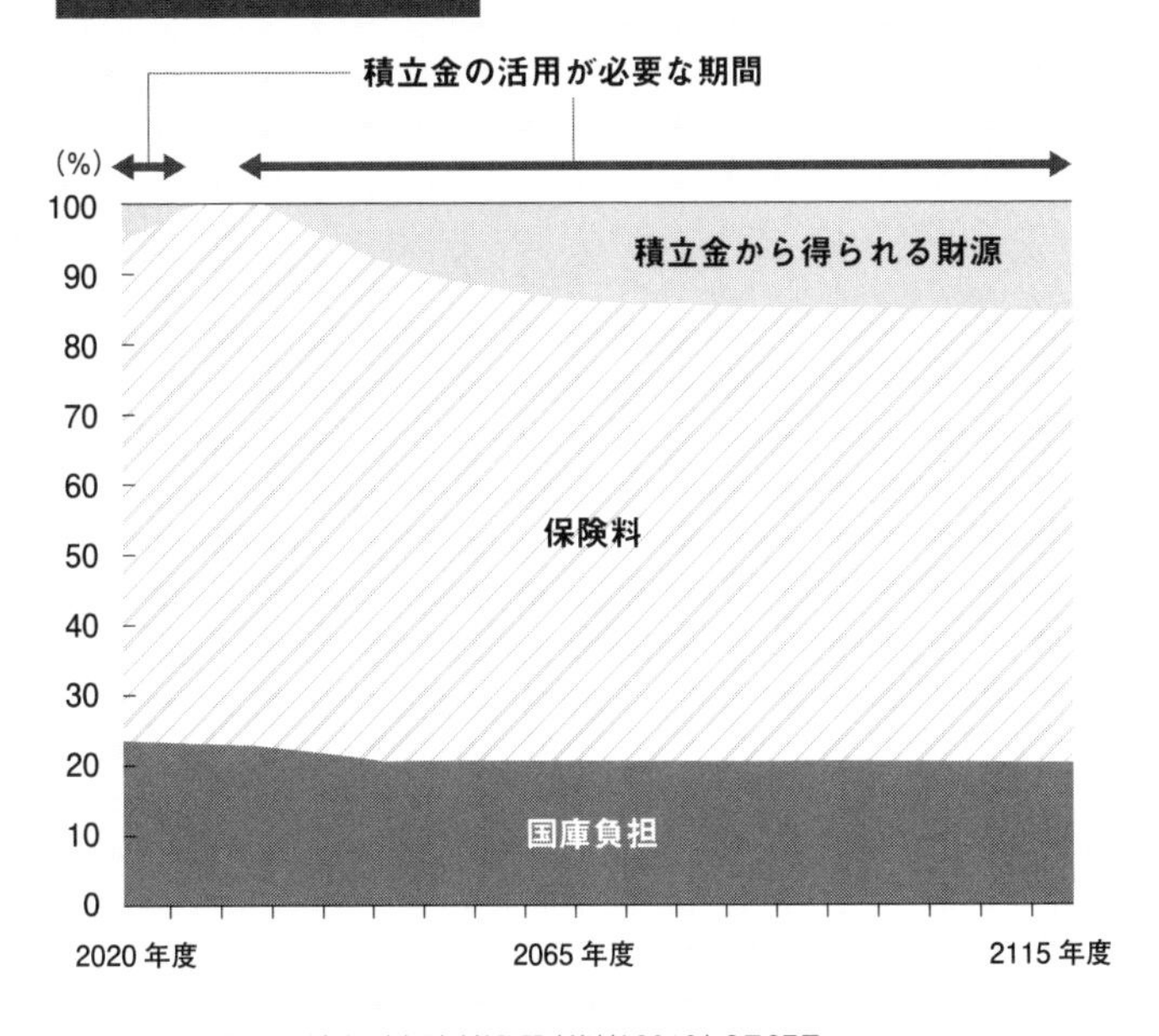

（出典）厚生労働省「2019（令和元）年財政検証関連資料」2019年8月27日

２０１９年の財政検証では「経済成長と労働参加が一定程度進むケース」という、内閣府が想定している下限に近いケースの試算も示されています。

その一つである「ケースＶ」の経済前提（P．１３５の図表10）は、物価上昇率０・８％、賃金上昇率（実質〈対物価〉０・８％）、運用利回り（スプレッド〈対賃金〉）１・２％というものです。

このケースは政府の想定の下限に近いものですが、それでも物価上昇率、賃金上昇率ともに足元より高い設定となっています。そして、これらの高めに設定された数字を用いて分かりづらい運用利回り（スプレッド〈対賃金〉）を実際の運用利回りに戻してみると、２・８％ということになります。

この2・８％という運用利回りは、年金資金の市場運用を始めてからこれまでの実績値とほぼ同じですから、政府はこのケースは十分に達成可能だという腹積もりを持っていると思われます。

注目すべきは、この現実に近いといえるケースVで示された「年度別財源の構成割合」を見ると２０２０年度から「積立金から得られる財源」が年金給付に使われることになっている点です。そしてＧＰＩＦの資産が年金給付の財源として使われる比率は２０３０年

図表10◎公的年金の給付を財源の内訳②

2019（令和元）年財政検証〈経済：ケースV　人口：中位〉

長期的な経済前提（ケースV）

物価上昇率	0.8%
賃金上昇率（実質〈対物価〉）	0.8%
運用利回り（スプレッド〈対賃金〉）	1.2%

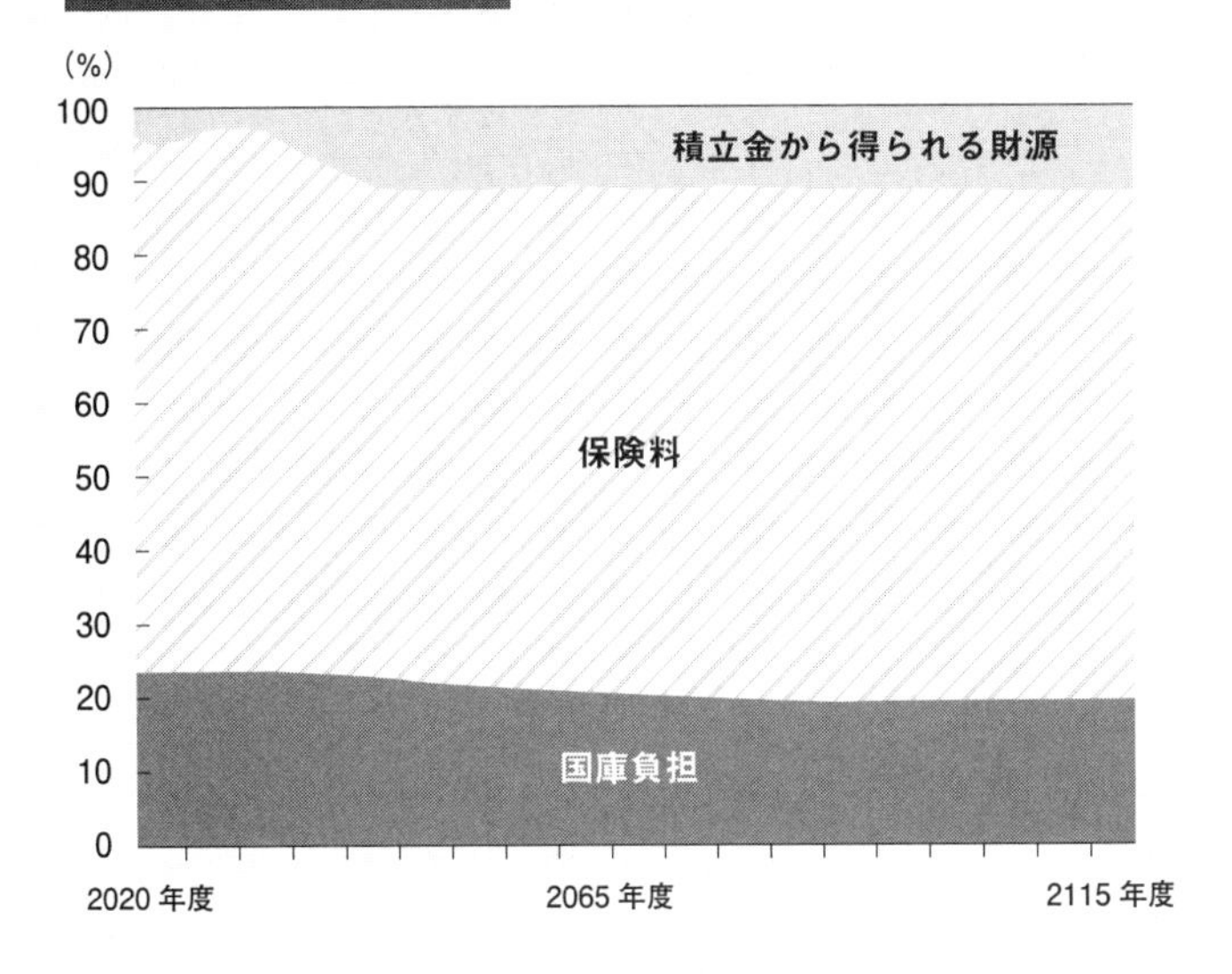

(出典)厚生労働省「2019(令和元)年財政検証関連資料」2019年8月27日

度あたりまでは5％前後で、その後は10％強くらいまで高まっていくと想定されています。

このように、現実に近い経済状況で試算した場合、2020年度からGPIFが管理運用している160兆円もの資金が年金給付の財源として使われることが想定されているのです。「積立金から得られる財源」には、GPIFが保有する資産が生み出す金利収入や配当金なども含まれているはずですので、必ずしも年金給付に必要な金額を全てGPIFの積立金の元本取り崩しで確保する訳ではありません。

財政検証の結果では、2028年度までは2・9兆円から3・5兆円の運用収益を見込んでいますが、2029年度には6兆円へと一気に膨らみ、以降2070年代までは7兆円前後の運用収益を見込んでいます。これは、現実に近いケースでは2029年度からGPIFの元本取り崩しが始まるということを示しているのではないかと思われます。

つまり、GPIFが2001年以降の実績利回りを達成できたとしても、2029年度前後にはGPIFの積立金の元本取り崩しが始まることは既定路線だといえるのです。そして、GPIFの運用実績が2・8％に達しなかった場合は、積立金の元本取り崩しが早まる可能性が高まるのです。

将来どのくらいの年金が受け取れるのかが、国民にとっての最大の関心事であるのは当然のことだと思います。しかし、自助努力によって資産形成を進めていこうという「公助から自助へ」を目指す人たちには、近い将来年金給付の財源確保のために「世界最大の機関投資家」と称されているＧＰＩＦの積立金の取り崩しが始まるということは、将来どのくらいの年金を受け取れるかということと同じくらい重要であると認識していただきたいと思います。

なぜなら、「世界最大の機関投資家」であるＧＰＩＦの投資行動は他の投資家にも強い影響を及ぼすことで市場にさらに大きな影響を及ぼすからです。

ＧＰＩＦが管理運用している約１６０兆円もの資金は、今後１００年間に支払わなければならない年金給付金総額に対して極めて小規模なもので、年金財政全体への貢献度には限界があります。しかし、一つの投資主体が運用する資金規模としては「世界最大」であり、ＧＰＩＦの売買動向が日本の株式市場に及ぼす影響は計り知れないほど大きいのです。

ＧＰＩＦの積立金が年金給付の財源として取り崩されることが決まっているということは、今後日本の株式市場は「世界最大の機関投資家」の換金売りの影響を受けることになるということです。そして「世界最大の機関投資家」の売りは、年金給付の財源確保を目的としたものですから一時的なものではなく、目的を果たすまで続くということです。

ＧＰＩＦの資金が年金支払いの財源に使われるようになるのは、現役世代が払う保険料と税金だけでは年金給付を賄えなくなるからです。それは少子高齢化という社会構造の影響によるものですから、ＧＰＩＦの資産取り崩しが短期間で終わることは期待薄だといえます。実際に２０１９年の財政検証によって示された「年度別の財源の割合」を見ても、２１１５年度までＧＰＩＦの資金が年金財源として使われることが示されています。

それは、ＧＰＩＦの資産取り崩しに伴う株式市場への影響も一時的なものにとどまらず、「世界最大の機関投資家」と称されるＧＰＩＦが「並の投資家」になるまで続く可能性が高いということでもあります。

これから資産形成をする投資家は、「世界最大の機関投資家」であるＧＰＩＦが、これまでのように「世界最大の買手」として市場に参加するのではなく、「世界最大の売手」として参加してくることを肝に銘じておく必要があるのです。

２０１９年の財政検証の結果によって示されたことは、これまで日本の株式市場にとって太陽のような存在であったＧＰＩＦが、「北風」を吹き付ける低気圧に変身する時が間近に迫っているということです。日本では「年金２０００万円不足問題」に象徴されるように、将来受け取れる年金額に関心が集中し、GPIFの資産取り崩しによる市場への影響は全く注目されませんでした。しかし、これから「公助から自助へ」を目指して資産形成をしようとしている人たちは、2019年の財政検証結果によって「世界最大の機関投資家」であるGPIFが早ければ2020年度から市場の売手に変身することが世界中の投資家に広く知れ渡っているということを軽視してはなりません。なぜなら、日本の年金を受け取ることのない海外投資家の関心は、将来受け取る年金額に向かうことはなくGPIFの資産取り崩しが及ぼす市場への影響に向けられるからです。GPIFの運用は、みなさんが受け取る年金額にはほとんど影響を与えませんが、みなさんが自助で行う資産形成には直接大きな影響を及ぼすことになるのです。

GPIFに先んじて動く海外投資家

2019年の財政検証の結果、「世界最大の機関投資家」であるGPIFの積立金が年金給付の財源確保のために取り崩される日が、予想より早く迫ってきていることが明らかになりました。こうした情報に世界の投資家はどのような反応を示すのでしょうか。動き出すタイミングは定かではありませんが、「世界最大の機関投資家」であるGPIFに先んじて動こうとするのが投資家としての当然の判断になることは間違いありません。それは、アベノミクススタート直後の海外投資家の動きから十分に想像されることです。

２０１３年から始まったアベノミクス相場の主役は、海外投資家と年金資金、そして日銀でした。まずは２０１３年に海外投資家が年間14兆６５０８億円という空前の買越を記録して、東京株式市場を50％上昇させる主役に躍り出ました。


その当時日本の年金業界は２０１２年2月に発覚したＡＩＪ事件によって大きな打撃を受けていました。１５００億円もの年金資金が消滅したことで、事実上厚生年金基金制度が崩壊するという激震に見舞われてしまっていたのです。厚生年金基金は国に代わって運用や給付の一部を代行していましたが、２０１２年に確定給付企業年金法が施行されたことで代行返上が進み、翌２０１３年の法改正によって基金の解散が相次ぎました。

年金資金の売買動向が反映されている「信託銀行」の売買動向を見ると、厚生年金基金制度の崩壊が始まった２０１２年には1兆円を上回る売越を記録し、翌２０１３年には3兆９０２６億円の売越と2年間で5兆円もの売越を記録しています。「信託銀行」が2年間で5兆円も売越を記録する中で、海外投資家が1年間で14兆円を上回る大規模な買越を記録してくれたことが日本株の急上昇の原因でした。海外投資家がアベノミクスに素早く反応してくれたおかげで、厚生年金基金制度の崩壊に伴う市場の混乱を回避することができた格好になったのです。

しかし、海外投資家の大規模な買越がいつまでも続くものではありません。２０１４年には海外投資家の買越額は９９６５億円と急減し、２０１５年には３２５８億円の売越に転じてしまいました。

こうした状況下の２０１４年10月31日に打ち出されたのが日銀の「量的・質的金融緩和の拡大」とＧＰＩＦの基本ポートフォリオの変更だったのです。この政策変更に即座に反応したのも海外投資家でした。

２０１４年１月から10月まで６０３５億円の売越を記録していた海外投資家は、２０１４年11月と12月の２か月間で１兆４５６３億円の大幅買越に転じ、年明け以降も３月までの３か月間で２８４２億円を買越しました。

また、基本ポートフォリオを変更したＧＰＩＦもすぐに動き出しました。ＧＰＩＦの動きを反映する「信託銀行」は、２０１５年３月までの５か月間で１兆３９９３億円の買越を記録しました。基本ポートフォリオの変更を行ったＧＰＩＦは、時間をかけずに新しい資産配分に組み替える必要があったからです。

それまで売越を記録していた海外投資家が突如大幅買越に転じた要因としては、日銀の「量的・質的緩和の拡大」よりもＧＰＩＦの基本ポートフォリオの変更の方が大きかったのではないかと思います。なぜなら、基本ポートフォリオの変更によって「世界最大の機関投資家」であるＧＰＩＦが短期間で日本株を買上げることを同じ投資家として当然察知したはずだからです。

２０１４年9月末時点のＧＰＩＦの資産総額は１３０兆８８４６億円でしたから、基本ポートフォリオの変更によって「国内株式」の組入比率が12％から25％に引き上げられれば単純計算で約17兆円の資金が日本株に向かうことには誰もが気付くことでしょう。さらに日銀がＥＴＦの購入額を１兆円から３兆円に増額しましたので、合計20兆円も新規資金が日本の株式市場に流れ込むことが見えている中で日本株を買わないという選択肢はなかったはずです。

海外投資家と信託銀行の両者が僅か5か月間で3兆１３９7億円を買越したことで、10月31日時点で１万６４１３円だった日経平均株価は２０１５年3月末には１万９２０６円まで２７９３円、率にして17％上昇することになりました。

海外投資家が突然大量の買越に転じたのは、日銀が打ち出した「量的・質的金融緩和の拡大」という金融政策によって日本の経済が回復するという期待からではなく、日本株に20兆円という実需の買いが入ることが確実だったからに他なりません。

資産配分の変更に慣れている海外投資家は、基本ポートフォリオの変更に踏み込んだGPIFが短期間に新しい資産配分の構築に向けて動くことは察知していたはずです。その一方で、基本ポートフォリオの変更に伴う日本株特需は1回限りであることも知っていたはずです。基本ポートフォリオに沿ったポートフォリオができ上がってしまえば後は微調整しか行われないからです。

それは、海外投資家が2014年11月から翌2015年5月まで4兆2860億円という大幅な買越を記録した後、6月から12月までの半年間に3兆円超の売越に転じ、2015年の1年間では3258億円を売越すことになったところにも表れています。もし「量的・質的金融緩和の拡大」による景気拡大に期待していたら、こんなに短期間で投資行動を変えるとは考えられません。

株価を支えるために投入された日銀

日銀が2014年10月31日に市場に不意打ちを食らわせる形で打ち出した「量的・質的

金融緩和の拡大」という「黒田バズーカ第二弾」とGPIFによる基本ポートフォリオの変更は、海外投資家の行動に大きな変化をもたらしました。しかし、悲しいことにその効果は半年強しか持ちませんでした。それは、GPIFの基本ポートフォリオの変更によって短期的な需給関係は大きく改善するものの、金融政策としての効果が全く期待することができず、中長期的な投資環境は好転しないことを海外投資家が理解していたからに違いありません。

海外投資家は「量的・質的金融緩和」が打ち出されてから半年間に4兆2860億円という大幅な買越を記録しましたが、半年後の2015年6月から年末までの7か月間には3兆円超の売越に一転してしまいました。

こうした海外投資家の売りを吸収する役目を担うために準備されていたのが日銀によるETF購入拡大です。日銀は2014年10月31日に打ち出した「量的・質的金融緩和の拡大」で、ETFの年間購入額をそれまでの1兆円から3兆円へと大幅に拡大しました。これによって日銀は2015年の1年間に2兆8274億円のETFを購入、特に6月から12月までの7か月間には1兆8388億円分を購入して株価の下支えを行っています。

日銀はETFの購入拡大枠を最大限に活用して株価の下支えに動きましたが、その規模は3兆円超の海外投資家の売越額には及ばなかったため2015年5月末に2万5000円台まで上昇していた日経平均株価も一転下落することになりました。しかし、日銀が海外投資家の売りの6割に相当する1兆8388億円ものETF購入をしたことで、2015年6月から12月までの7か月間日経平均株価の下落幅は1500円強、率にして▲7・4%に留まりました。

日銀のETF購入金額の拡大は株価上昇局面で主役を演じることはありませんでしたが、株式市場の下支えが必要な局面で十分に力を発揮することになったのです。こうした効果に期待してか、黒田日銀はそれから2年足らず先の2016年7月29日に「長短金利操作付き量的・質的金融緩和」、いわゆる「イールドカーブコントロール」を打ち出した際に、ETFの年間購入額を6兆円まで拡大したのです。

もともと黒田日銀は、2013年4月に「異次元の金融緩和」を導入した際、「資産価格のプレミアムに働きかける観点から」という理由でETFの購入を1兆円に拡大しました。この「異次元の金融緩和」を導入した2013年4月4日の日経平均株価は1万2634円でした。

その日経平均株価は、日銀が「量的・質的金融緩和の拡大」に踏み切りETF購入額を年間3兆円に拡大した2014年10月31日には1万6413円、さらに「イールドカーブコントロール」と同時にETF購入額を6兆円まで拡大した2016年7月21日には2万99円と、「資産価格のプレミアム」は十分に解消されたといえる水準になっていました。

さらに、年間1兆～6兆円というETF購入規模は、日銀が目指していた年間80兆円のマネタリーベースの拡大という目標に対しては10%にも満たず、マネタリーベース拡大という点では完全なわき役でしかありません。

これらのことを総合して考えると、日銀がETFを購入し続ける目的は、GPIFの基本ポートフォリオの変更によって嵩上げされた株価を維持することだったとみてほぼ間違いないのではないかと思います。

東京証券取引所が公表している「投資部門別売買状況」では、日銀のETF購入は「自己」に含まれているといわれています。この「自己」は、2014年に3169億円の買越と目立った動きを見せていませんでした（P．147の**図表11**）。しかし、海外投資家が売越に転じた2015年には1兆5796億円の買越を記録し、その後2019年（10月）まで5年間買越を続けています。特に2016年7月にETF購入額が6兆円に拡大された翌2017年には6兆1038億円という大規模な買越を記録し、年金資金の動きを反映した「信託銀行」を上回る市場のメインプレーヤーになっています。

図表11◎海外投資家と信託銀行、自己のETF売買動向

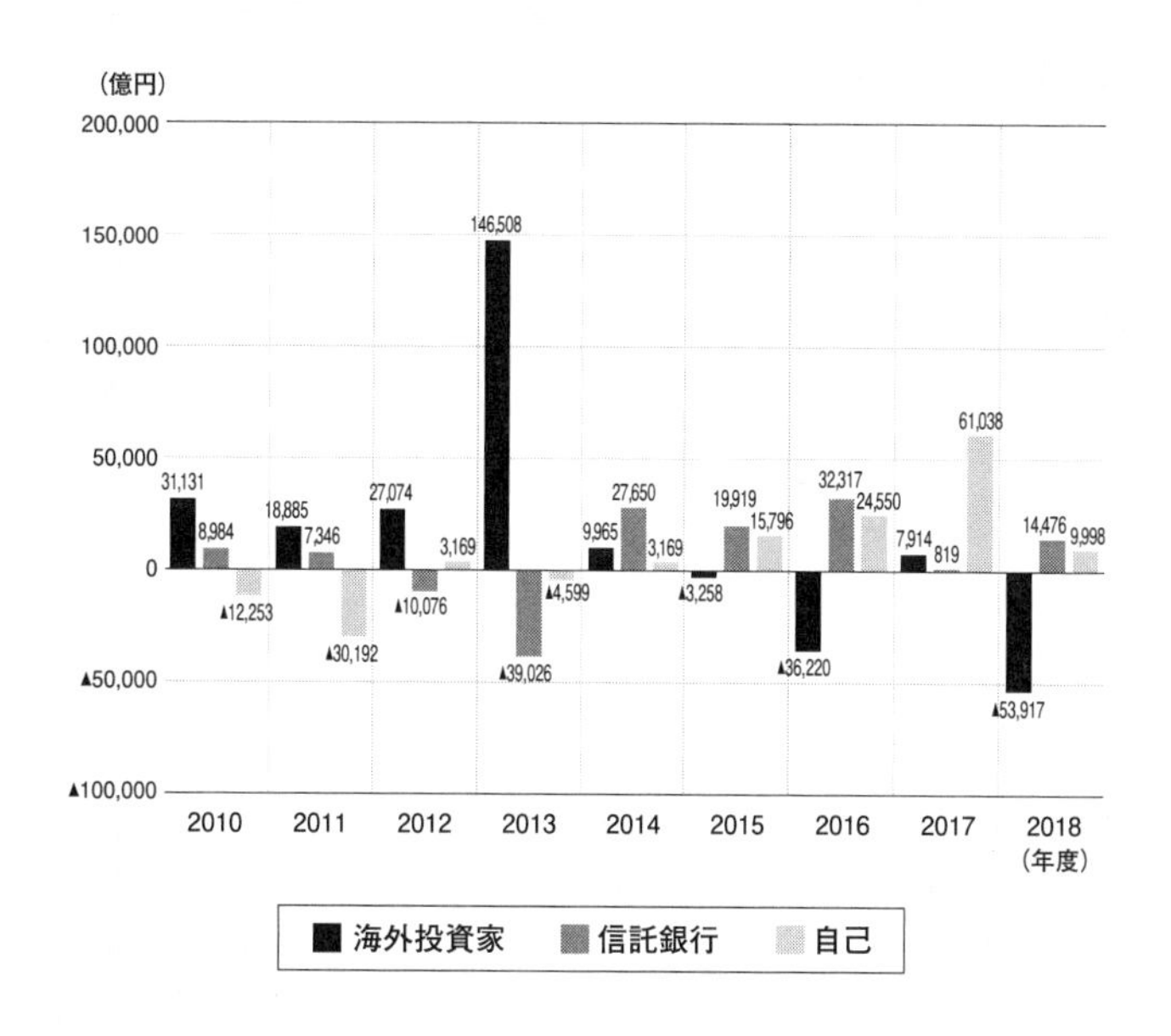

※図表は東京証券取引所公表データより筆者作成

これに対して海外投資家は２０１５年から２０１９年（10月）までの５年間のうち、２０１７年を除いた４年は売越を記録しています。こうした動きは、ＧＰＩＦの基本ポートフォリオ変更に伴う一時的特需という確実に利益を上げられる局面が終わった日本株に対する興味を、海外投資家が完全に失ったのではないかと感じさせるものです。その結果、最近の日本の株式市場は海外投資家の売りを、日銀のＥＴＦ買いで支えているという構図となっています。それは、日銀のＥＴＦ購入額を増やさないと株価を維持できないという政府と日銀の見通しが正しかったことを証明しているかのようです。

日本の株式市場が、海外投資家の売りを日銀のＥＴＦ買いで支えているという構図で成り立っているがゆえに、年金資金の主役であり「世界最大の機関投資家」であるＧＰＩＦの動向は極めて重要になってくるのです。

時期こそ定かではないもののＧＰＩＦは２０３５年頃までには年金給付の財源として積立金を取り崩していく運命にあります。それは、これまでの日本の株式市場のツートップの一角が崩れるということでもあり、ＧＰＩＦが「世界最大の機関投資家」の座を追われるまでのカウントダウンが始まっているということでもあるのです。

GPIFが売手に変身することは決まっている

GPIFをはじめとした年金資金の特徴は、景気動向によって動く資金ではないということです。GPIFが管理運用する資金が「世界最大の機関投資家」と称されるまでの規模になったのは、日本の経済が好調だったという投資環境だけでなく、年齢構成といった社会構造も強く影響した結果です。それは、社会構造の変化に伴って「世界最大の機関投資家」となったGPIFは、社会構造の変化によって「世界最大の機関投資家」の座を降りる運命を背負っているということでもあります。公的年金に対する不安から資産形成を目指す問題意識の高い人たちには、こうした社会構造の変化が株式市場に強い影響を及ぼしていることを頭に入れておいていただきたいと思います。

ここ数年間投資家が目にしてきた日本の株式市場は、GPIFと日銀という必ずしも収益を目的としていないツートップによって演出されてきました。

2019年6月末時点で日銀は26兆円強と、時価総額（6月末時点で583・8兆円）の4・5％に相当する多額のETFを保有し、GPIFは37・8兆円と同じく6・5％の国内株式を保有しており、日銀とGPIFの両者で時価総額の11・0%を占めています（P．151の**図表12**）。

自ら輪転機を回してお金を刷れる立場にある日銀によるETF買いは、市場の価格形成機能を奪うなどの副作用を無視すれば、理論上はまだまだ増やすことは可能だといえます。しかし、GPIFはそうではありません。GPIFの積立金は、国民から預かった負債であり、年金給付の財源に使うためのものだからです。

2019年の財政検証では79通りものケースが示されており、ケースごとに年金給付額の水準を示す「所得代替率」などが示されています。しかし、全てのケースに共通していることは、GPIFの積立金が年金給付の財源として使われることです。各ケースで異なるのはいつ積立金の取り崩しが始まるかというその時期だけです。政府が年金給付開始年齢を何とかして引き上げようとしていることにも、年金財政全体の問題だけでなくGPIFの積立金の取り崩し時期を少しでも遅くしたいという思惑が含まれていると思います。

その年金給付の財源に使うためにGPIFの資産の取り崩しが始まるとみられているのは、非現実的とも思える政府による理想的なケースでも2035年前後であり、現状に近い経済状況であれば2020年度にも始まる可能性があることも示されています。

図表12◎時価総額とGPIF、日銀ETF保有額の推移

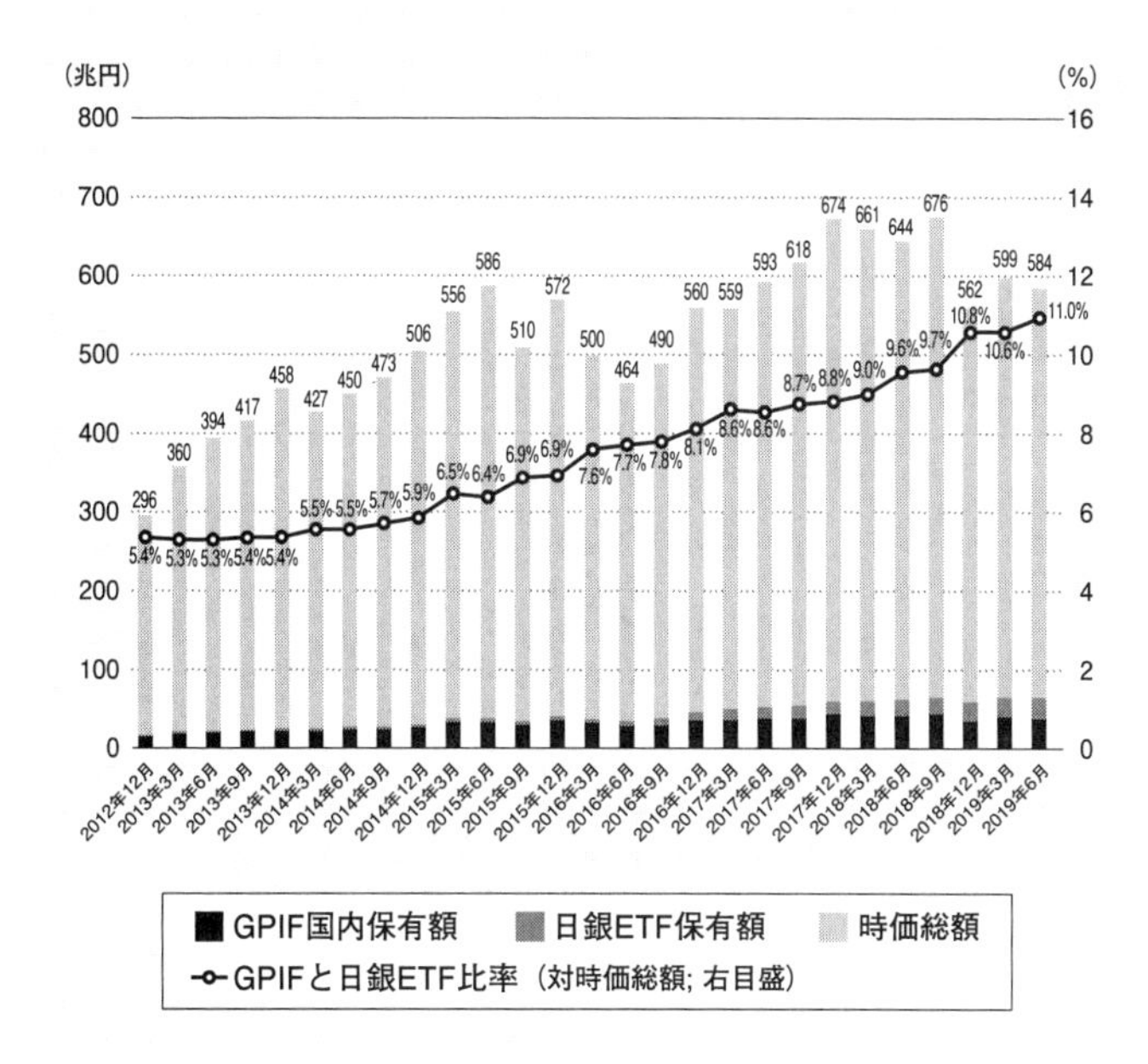

※図表は東京証券取引所、GPIF、日本銀行公表データより筆者作成

財政検証の結果では、年金給付の財源として使われるＧＰＩＦの資金は年金給付総額の10〜15％程度だとみられています。当面の年金給付総額は年50兆円程度とされていますので、取り崩されるＧＰＩＦの積立金はおよそ5〜7兆円程度だと想像されます。もちろん、年金給付の財源となるのはＧＰＩＦの元本だけでなく運用収益でもいいわけですから、運用資産が１６０兆円のＧＰＩＦが年率10〜15％程度の運用収益を上げれば元本を取り崩すことなく給付金の財源を確保することは計算上可能ではあります。

しかし、日本や欧州主要国の国債の多くがマイナス利回りとなりこれ以上の利回りの低下（債券価格の上昇）が期待できない状況の中で、２００１年度から２０１８年度までの運用実績が年率２・８％のＧＰＩＦに今後10％以上の運用収益の確保を求めることはあまり現実的な話ではありません。

資産形成を目指す人たちが念頭に置いておかなければいけないことは、これまで日本の株式市場をはじめ世界の金融市場で「世界最大の機関投資家」として君臨してきたＧＰＩＦが近い将来売手に回ることが決まっているということです。「世界最大の機関投資家」であるＧＰＩＦが金融市場に大きな影響を及ぼすことなく売手に転じることが可能なのでしょうか。常識的に考えればそれは不可能でしょう。

ＧＰＩＦの資産が取り崩されて年金給付の財源に使われることは、ＧＰＩＦのポートフォリオとは関係なく決まっていることです。重要なことは基本ポートフォリオをリスク選好型に変更したことによってＧＰＩＦの資産取り崩しに伴う金融市場への影響が増幅されていることです。

ＧＰＩＦのような大規模な投資家が現金化のために資産を売却する場合、特定の資産、例えば国内債券のみとか海外株式のみを単独で売却することはありません。ポートフォリオを輪切りにし、構成比率に合わせて資産を売却するのが一般的です。具体的にいうと、仮にＧＰＩＦが給付金の財源として必要な５兆円の現金を確保しようとした場合、ポートフォリオが基本ポートフォリオに沿ったものだと仮定すれば、国内株式１兆２５００億円（25％）、国内債券１兆７５００億円（35％）、外国株式１兆２５００億円（25％）、外国債券７５００億円（15％）を売却するということになります。

東証一部の売買代金は一日平均２兆円前後になるので、ＧＰＩＦが日本株を１年で１兆２５００億円売ったとしても市場への影響は限定的だという見方もできるかもしれません。しかし、ポイントはＧＰＩＦが年金給付の財源を確保するために資産売却をするのは一年に限ったことではなく、何年も続くということです。

過去5年間、株式市場で日銀と並ぶ有力な買手として君臨し、海外投資家の売りを吸収してきたGPIFが、今後毎年1兆円以上の日本株を売り続ける主体へと立場を変えるというのは日本の株式市場が無視できるような小さな出来事ではありません。さらに、実際の売却規模だけでなく「世界最大の機関投資家」であるGPIFが売手に転じるというアナウンス効果が加わることでその衝撃は倍増する可能性もあると考えておくべきだと思います。

しかも、GPIFが売却するのは国内株式だけではありません。外国株式も外国債券も売却することになるのです。当たり前ですが、日本の年金は円で支払われるわけですから、給付の財源にするために売却した海外資産は、円に換える必要があります。そのためGPIFは海外の株式、債券市場だけで売手になるだけでなく、為替市場での継続的な外貨の売手、円の買手になることになります。

つまり、これまで「円安・株高」の原動力となってきた「世界最大の機関投資家」であるGPIFは、今後は金融市場に継続的に「円高・株安」圧力を加える主体に変身することになるのです。

恐ろしいのは、ＧＰＩＦによる保有資産の売却方針は、通常の投資家のように投資環境の変化によって変わることがない点です。なぜなら、ＧＰＩＦが資産の売却、換金に動くのは、運用利回りを求めるからではなく年金給付の財源を確保するためで、少子高齢化という社会構造の変化を反映したものだからです。日銀がどんなに金融緩和をしても、政府がどんなに経済対策を打ち出そうとも、少子高齢化という社会構造が変わらない限りはＧＰＩＦの換金売りを止めることはできないのです。

ＧＰＩＦが資産の売却、換金に動いても、ファンダメンタルズに応じて投資行動を変える投資家が世界中にいるので、そんなに悲観することはないという見方もあるかもしれません。

しかし、正直それは希望的な観測でしかありません。世界の投資家はそんなお人好しではないからです。

基本ポートフォリオの変更による副作用が現れる

ＧＰＩＦの積立金が近い将来、状況によっては２０２０年度から年金給付の財源として資産の取り崩し局面に入ることは財政検証の結果を通して世界中の投資家に知れ渡っているはずです。日本には、いつまでも安倍総理の「GPIFは世界最大の機関投資家である」という言葉が頭から離れない人も多いと思いますが、年金資産は年金債務の一部であることと同時に、日本が世界の中で最も早く急激に高齢社会に向かっていることを知っている世界の多くの投資家は、GPIFが将来年金給付の財源確保のために資産の取り崩しを始めることは初めから認識していたと考えなければなりません。

問題は、GPIFがいつ売手に転じるかという問題だったわけです。GPIFはこれまで「業務概況書」の中では、前回の2014年の財政検証の結果に基づいた、GPIFの資産が年金財源の一部として使われるようになる時期が2035年前後となるケースを参考資料として紹介してきていました。それに従えば、GPIFの資産が年金財源として使われ始めるのは今から15年ほど先の話でした。しかし、2019年8月に公表された2019年の財政検証の結果、GPIFはそれよりもっと早く、場合によっては2020年度から売手に転じる可能性があることが示されたのです。本来この2019年の財政検証の結果は6月中にも公表される予定でしたが、6月に出た金融庁の報告書によって「老後2000万円不足問題」が起きてしまったことで、2019年7月の参議院選挙後まで公表が先送りされたのではないかという疑念が持たれたいわく付きのものです。

「老後２０００万円不足問題」が沸き上がったこともあり公表時期を参議院選挙後にしたのではないかという疑惑の声が上がったことによって、２０１９年の財政検証の中身はこれまで以上に注目されることになってしまいました。その結果、今回の財政検証の結果が前回のものとどのように変わったのか、これまで以上に詳細に世界の投資家に伝えられた可能性もあります。その中で、「世界最大の機関投資家」であるＧＰＩＦの資産が、早ければ２０２０年度から年金財源として使われ始めるという貴重な情報を得たとしたら、それを最大限効果的に利用しようと考えるのが普通です。

金融市場の価格は理論に従って決まるものではありません。また、金融市場で価格が付けられるということは、売りと買いが同数であることでもありますから、買いの方が数が多いから価格が上がる、売りの方が数が多いから下がるというものでもありません。売り買いが同数の中で「売り方優勢」「買い方優勢」というように価格が上下に変動するのは、金融市場には「持ち時間が少ない方、つまり限られた時間内で売買を成立させなければならないという必要性に迫られている方が歩み寄って価格が決まる」という原則があるからです。

例えば、今日中に現金化する必要に迫られている投資家は、目の前にいる買手が提示する価格が理論価格からかけ離れたものであったとしても、現金化という目的を達成するためには買手の示した価格で売却する以外に選択肢はないのです。売手が現金化を急いでいる時には、買手は足元を見て有利な価格、つまり安い価格で手に入れようとしますから、買値を吊り上げることはないのは当然のことです。

こうした動きはスーパーが閉店間際に生鮮食品を安売りしたり、決算期末を控えて車や家電などのセールが行われたりすることを思い浮かべると感覚的に理解していただけると思います。当日に商品を売り切りたいと考えているスーパーが閉店間際に刺身などの生鮮食品を値上げすることはないのです。

2019年の財政検証の結果で示された、GPIFが早ければ2020年度から年金給付に必要な財源を確保するために保有資産の売却に動き出す可能性があるという内容は、世界中の投資家に広く知れ渡ってしまった可能性があります。しかも、GPIFは「世界最大の機関投資家」と称される世界で最大規模の資産を持っている主体です。それは、これまで「世界最大の機関投資家」だったGPIFが、今後は「世界最大の売物を抱える機関投資家」になるということです。世界最大の売物を抱えるGPIFに対して、資金規模で劣る投資家が、GPIFの希望する価格で売物を買い取ってくれると考えるのは、金融市場の原則を無視した余りに楽観的な見方だといえるのです。

つまり、「世界最大の機関投資家」であるGPIFが資産売却の意向を示した段階で、市場価格には下落圧力が加わることになるのです。2019年6月末時点でGPIFは160兆円もの大規模な資産を誇っていますが、この資産を実際に市場で売却して現金に換えようとしても160兆円という資金を得ることは不可能だというのが金融市場の原則なのです。

2014年10月31日にGPIFが基本ポートフォリオの変更を発表し、単純計算で17兆円の国内株の買い余力が生じたことが明らかになった際には、海外投資家は直後の7か月間に4兆2860億円も国内株式を買越しました。こうした海外投資家が、「世界最大の機関投資家」であるGPIFが年金給付の財源確保のために保有する160兆円もの資産の取り崩しを始めるという情報を得た時にどのような行動をとるのかを考えてみてください。

GPIF以外の投資家が、少なくとも現在よりも高い価格でGPIFの資産を買いに行くことはありません。GPIFが資産の取り崩しに動くのは、その年度に必要な年金給付の財源を捻出するためです。それは、GPIFはその年のうちに必要な年金給付の財源を確保しなければならないという「期限と金額のノルマ」を持っているということです。

ＧＰＩＦがその年の年金給付に必要な財源を確保するために、「期限と金額のノルマ」を持っていることを認識している他の投資家は、自分たちに都合のいい価格、現状よりもかなり低い価格でないかぎり購入はしないはずです。安い価格で買い意向さえ示しておけば、年度内に必要な財源を確保することを迫られたＧＰＩＦが価格を度外視して売ってくれる可能性が高いからです。「世界最大の機関投資家」であるＧＰＩＦが売却しなければならない資産規模は、他の投資家の必要とする規模を上回っているはずですからＧＰＩＦの言い値で買う必要などないのです。

ＧＰＩＦは市場運用を始めた２００１年度以降２０１９年6月末までに累計で66兆７７7億円の収益を上げてきたとその成果を強調しています。ＧＰＩＦの公表データによれば、この66兆７７７億円という収益のうち「利子・配当収入」として得られた収益は36兆47億円です。このことから、既に売却益として現金化されて確定した収益とまだ現金化されていない未確定の利益、いわゆる評価益が30兆円ほどあるということが推測されます。

評価益に関して正確なデータは公表されていませんが、２０１９年7月29日に開催された「第９回社会保障審議会資金運用部会」の中でＧＰＩＦの高橋理事長が「これは65兆円、収益を上げましたと書いてありますが、ここには書いていませんが、このうち30兆円以上は配当と利息で既にキャッシュでもうGPIFがいただいたものであります。残りの35兆ぐらいは評価損益、ほとんど含み益の部分」（厚生労働省ウェブサイトより）と発言していますから、GPIFは30兆円を超える評価益を持っているとみて間違いありません。

今後GPIFの資産は年金給付の財源として使われていくことが決まっています。ですからGPIFが30兆円を超える評価益をいつまでも抱えていくことはできませんので、保有資産を市場で売却して現金化し、評価益を実現益に換えていくことが必要となってくるのです。

では、GPIFが抱える30兆円を超える大規模な評価益を実現益に変える目的で160兆円もの運用資産の売却に動き出したらどうなるでしょうか。

「世界最大の機関投資家」であるGPIFが資産の売却に動き出した、あるいは動き出すという情報が流れただけで、30兆円を超える評価益を生み出している価格で気前よく買ってくれる投資家はほとんどいなくなると考えなければなりません。買ってくれるにしても、30兆円という評価益の多くが失われるような価格になることは想像に難くありません。

GPIFが評価益を市場で実現益に換えようとすればするほど市場価格が下がり、評価益は減り、得られる実現益も小さくなっていくのが現実です。「世界最大の機関投資家」が抱える30兆円を超える評価益は、実現益に換えようとすると消えてなくなってしまう「逃げ水」のようなものなのです。

こうした宿命、リスクを負っている「世界最大の機関投資家」であるGPIFが、基本ポートフォリオを「リスク選好型」に変更したことによる「後遺症」は、GPIFが年金給付の財源として資産を売却して現金化に向かうところで現れることになるのです。

近年は日銀の「異次元の金融緩和」による「副作用」を懸念する声も出てきていますが、「副作用」と「後遺症」とは似て非なるものです。「副作用」は効果というリターンの代償として生じるリスクのことです。これに対して「後遺症」は何のリターンも期待できない状態でリスクだけが生じるものですから、「副作用」よりもずっと恐ろしいといえます。ここで「後遺症」という言葉を使ったのは、GPIFの資産が年金給付の財源として使われる局面では、基本ポートフォリオを「リスク選好型」に変更したことによるリターンが何もない中、リスクだけが顕在化してくるからです。

「世界最大の機関投資家」であるGPIFが売手に回るという情報が広まるだけで市場には下落圧力がかかります。こうした下落圧力がかかる市場の中でGPIFが保有資産を売却して必要な年金給付の財源を確保しにいけば、市場価格を押し下げることになります。この市場価格の下落は、GPIFが売却せずに保有し続ける資産の評価額全体も押し下げることになるのです。

しかも、GPIFの売りが価格を押し下げることによる影響は、GPIFの保有資産だけでなく、国民が保有する資産全てに及ぶのです。GPIFの資産売却による市場価格の下落は評価損を抱える投資家を生み出し、そして、評価損を抱える投資家による新たな売りを呼び、それが市場の下落圧力をさらに高めるという負のスパイラルを生み出す可能性があるのです。

GPIFの資産が年金給付の財源に使われる局面になれば基本ポートフォリオの変更に関係なく、こうした負の連鎖が起きることは想像されていたことですが、それをより大きくしたのがGPIFの基本ポートフォリオの変更が生み出した「後遺症」だといえるのです。この「後遺症」からは、GPIFの資金が年金給付の財源として使われるかぎり逃れることはできないのです。

「世界最大の機関投資家」であるGPIFが「評価益を実現益に換えられない」という宿命を負っていること。GPIFが近い将来、遅くとも2035年前後、早ければ2020

年度から資産の売却に動かなければならないことが決まっていること。ＧＰＩＦがこのような制約条件を持っていることは基本ポートフォリオの変更を決めた２０１４年時点で既に周知の事実でした。それゆえＧＰＩＦの基本ポートフォリオの変更がもたらす「後遺症」についていては大規模な資金運用に対する知識と経験を持っている人間であれば気が付いて然るべきでした。もし今後筆者が指摘するような「後遺症」が生じたとしたら、それは間違いなく人災です。

金融市場の特徴の一つは、買いに行く時、価格を上昇させる方向に動く時の流動性は高いが、売却時、価格を下落させる方向に動く時の流動性は極端に細るということです。つまり、ＧＰＩＦが「世界最大の機関投資家」であっても日本株を買いに行く局面では価格はともかく必要な量を手にすることに関して全く問題はありません。

実際にＧＰＩＦは２０１４年10月31日に基本ポートフォリオの変更に踏み切ってから５か月後の２０１５年３月末までに国内株式の組み入れ比率を２０１４年９月末時点の18・23％から22・０％まで、金額にして23・９兆円から31・７兆円まで高めた実績を持っています。この間に日経平均株価は１万６４１４円から１万９２０７円へと約２８００円、17・０％上昇し、ＧＰＩＦも国内株式の保有額を５か月程度の間に評価益の増加も含めて約7・8兆円も増やすことができているのです。

しかし、GPIFが7・8兆円の国内株式を売りに出した場合のマーケットインパクト（市場価格への影響）が、買った場合と同じ17％程度で済む保証はありません。おそらくそれだけの規模の日本株を市場価格への影響を少なくするように売り切るまでには5か月よりずっと長い時間が必要だと思われますし、限られた時間内で現金化しようとしたらより大きなマーケットインパクト（株価下落）を覚悟しなければならないと思います。

そして、こうした状況はGPIFの資金が減り、「世界最大の機関投資家」という看板を下ろす時まで続くことになると考えておかなければいけません。

「世界最大の機関投資家」であるGPIFが基本ポートフォリオを「リスク選好型」に修正する時点で有識者会議のメンバーたちがこうしたリスクを認識していたか否かは定かではありませんが、全員が運用の実務経験を持っていないことを考慮すると認識していなかった可能性が高いように思います。

アベノミクスの成果を演出するために「世界最大の機関投資家」であるGPIFの大量の資金を株式市場に流し込んだことで、円安・株高を演出することはできました。しかし、その果実を刈り取ることができないどころか、将来の株安の種を撒いてしまっていることが全く話題に上がっていないことが日本社会の抱える最大の問題であり、日本の金融リテラシーが低いことの証明のように思えてなりません。

GPIF周辺で起き始めたきな臭い動き

2019年の財政検証では、GPIFの資産が年金給付の財源として取り崩され始める時期、換言すればGPIFが市場の買手から売手に転じる時期が前倒しされる可能性があることが示されました。

このGPIFが市場の売手に変身する時期が前倒しされる可能性があるというのは厚生労働省が行った財政検証からの予想であり、株価予想などのように根拠の怪しいものではありません。日本では不思議なほど指摘されることはありませんが、そもそもGPIFが多額の積立金を持っているのは、年金給付の財源として使うためです。そしてこのGPIFの資産を年金給付の財源として使うことは「概ね100年間で財政均衡を図る方式とし、積立金を活用して後世代の給付に充当」という年金財政フレームワークで決められているもので、突然降ってわいたことではありません。

さらに、２０１９年の財政検証の結果以外に、もう一つＧＰＩＦが市場の売手に変身する時期が早まる可能性も指摘され始めてきています。それはＧＰＩＦの基本ポートフォリオの再変更の話です。

２０１９年９月11日付の日経電子版では「維持できるか日本株比率　公的年金の資産構成見直し」というタイトルでＧＰＩＦの基本ポートフォリオが変更される可能性があることを指摘しています。

「厚生労働省が８月27日に公的年金の財政検証を発表したのを受け、年金積立金管理運用独立行政法人（ＧＰＩＦ）は運用の基準となる資産構成の見直し作業に入った。日本株の投資家の懸念材料は５年前の基本ポートフォリオ策定時に比べ、日本株はより高リスク・低リターンに、外国株はより低リスク・高リターンになったことだ。投資理論上、25％の日本株比率の引き下げが望ましくなるかもしれない。ＧＰＩＦの判断に注目が集まる」（日本経済新聞電子版「維持できるか日本株比率　公的年金の資産構成見直し」２０１９年９月11日）

実際に基本ポートフォリオの再変更が行われるか、いつ変更されるのかは定かではありませんが、見直し作業が行われていることは確かなようです。前回２０１４年10月に行われた基本ポートフォリオ変更作業は、財政検証の結果が出た6月から13回の審議を経て10月31日に実施されました。財政検証の結果が出てから基本ポートフォリオ変更の実施まで金融・経済の専門家で構成される運用委員会の審議に要した時間は４か月だったのです。

４か月という前回の実績を単純に当てはめると、２０１９年の財政検証の結果が公表されたのが８月27日ですから、場合によっては12月末の基本ポートフォリオの再変更もあり得ました。前回２０１４年10月の基本ポートフォリオ変更に向けた審議では本来翌年度、２０１５年４月から実施することを前提になされていたものを「現在、日本経済は長年続いたデフレからの転換という大きな運用環境の変化の節目にある」という状況を踏まえて「長期的な経済環境の変化に速やかに対応する観点から、来年度を待たず、この第２期中期計画における基本ポートフォリオを変更」したものでした。

前倒ししてＧＰＩＦが「リスク選好型」へと基本ポートフォリオを変更したのは、２０１４年４月に実施された消費増税に伴う個人消費の落ち込みが想定以上であったことなどから２０１３年４月に打ち出した「異次元の金融緩和」の効果が剥げ落ち始めていたからだと思われます。

それから5年、今回の財政検証も前回と同様消費増税が行われる年に行われました。2019年10月に行われた消費増税においては、ポイント還元などの対策が打たれたことや、2014年4月の消費増税時のような大規模な駆け込み需要が出なかったこともあり、消費増税後の景気落ち込みは限定的ではないかと思われています。しかし、現在のような経済状況の中で消費増税が日本経済を活性化することはあり得ないことで、影響が大きくないとしてもマイナス方向に作用することだけは間違いのないことです。

財政検証の結果が8月27日に公表され、有識者を中心にGPIFの基本ポートフォリオ再変更の審議が始まっているとしたら、遅くとも2020年3月末までには基本ポートフォリオの再変更を行うか否かの結論が出ると思われます。

問題はこの5年間で日本株のリターンは下がる一方、リスクが上昇した結果、リスク・リターンの関係からすると基本ポートフォリオを今回変更するならば理論的には日本株への投資比率を引き下げたものになる可能性があるということです。2019年6月末時点でのGPIFの運用資産は約160兆円ですから、仮に「国内株式」への配分を1%引き下げることになれば単純計算では1・6兆円程度の売り圧力が働く計算になります。

ＧＰＩＦの基本ポートフォリオ変更に関する有識者たちによる審議が２０１９年12月までに終わったとしても、２０１９年10月に実施された消費増税の経済への影響が定かではない中で政府がすぐに「国内株式」の構成比を引き下げるような基本ポートフォリオの変更に踏み切る可能性が高いとは思えません。

政権に対する忖度も加わるでしょうから、ＧＰＩＦの基本ポートフォリオ変更が「国内株式」の構成比を下げるということで決まったとしても、今度は実施が先送りされる可能性が高いのではないかと思われます。しかし、理論上ではＧＰＩＦの基本ポートフォリオが「国内株式」への配分を引き下げる方向に変更される可能性があり、今回は引き上げられる可能性が低いことはリスクとして想定しておいた方が賢明かもしれません。

ＧＰＩＦの運用が年金給付に影響する時代がやってくる

ＧＰＩＦの資金が年金給付の財源として使われるということは、たとえＧＰＩＦの運用収益の悪化が直ちに年金給付に影響を及ぼさないとしても、将来の年金給付には大きな影響を及ぼすようになるということです。

足元では年金給付金は現役世代の支払う年金保険料と国庫負担（税金）で賄われており、ＧＰＩＦの資金が年金給付の財源として使われていないので、ＧＰＩＦの運用成績は「直ちに年金給付に影響を及ぼす」ことはありません。しかし、ＧＰＩＦの資金が年金給付の財源として使われるようになると、ＧＰＩＦの短期的な運用成績悪化が年金給付に影響してくることになります。

それも、ＧＰＩＦの運用成績が悪化した場合の年金給付への悪影響は、年金を受け取っている年金世代ではなく、将来年金を受け取る現役世代に及ぶと思われます。

近い将来、ＧＰＩＦの積立金が年金給付の財源として使われるようになることは決まっており、その比率は財源全体の10％〜15％程度であると推計されています。つまり、給付金の85％〜90％は今まで通り現役世代の支払う年金保険料と国庫負担（税金）で賄われることになっています。ただし、現役世代の支払う厚生年金保険料率の上限は月額基本報酬の18・3％とすること、これを雇用者と企業が折半で負担することが法律で定められています。２０１９年時点でこの年金保険料率は法律上の上限に達しており、法改正なしにこれ以上増やすことはできません。

ですから、予定されている財源を確保するためにGPIFの積立金からも確実に財源を確保していく必要があります。こうした状況の中で、円高・株安に見舞われGPIFの資産が目減りしてしまった時に何が起きるでしょうか。

GPIFの資産を使ってその年度に確保しなければならない財源の「金額」は、金融市場の動向に関係なく決まっています。このような状況の中で資産価格が予定より下落していた場合、この決まった「金額」を確保するためにはGPIFは予定より多くの「数量」の資産を売却する必要に迫られます。

例えば100円の株を1000株、総額10万円の金融資産を持っていたとします。この資産の一部を売却して1万円の資金を捻出する場合、株価が100円ならば100株を売却したら必要な資金を確保することができます。そして売却後には100円の株が900株、9万円の金融資産が残ります。

しかし、株価が下落して50円になってしまったら1万円を捻出するためには200株売却しなければならなくなります。売却株数を増やすことで必要な1万円を確保することはできましたが、残るのは50円の株が800株と、当初想定の900株と比較して100株も少なくなってしまいます。これは、短期間のうちに株価が元の100円に戻ったとしても、金融資産が8万円にしかならないということです。

つまり、資産価格が下落する局面では、ＧＰＩＦは必要な財源を確保するためにより多くの資産を売却する必要に迫られ、その結果保有する資産の「数量」の減りが想定より早くなるということです。またそれは、たとえその後に市場価格が上昇して元に戻ったとしても、「数量」が減ってしまった分の、資産総額は戻らないということです。

ＧＰＩＦが保有する資産の「数量」が予定よりも早く減っていくということは、予定よりも早くＧＰＩＦの資産「数量」が枯渇する可能性が上がるということです。

ＧＰＩＦの資産「数量」が計画よりも早く枯渇するということは、財政検証上もらえるはずであった年齢までに予定していた年金が受け取れないとか、受け取れる年金額が減る、つまり「所得代替率」が想定以上に低下するという事態に見舞われる可能性が高くなるということです。

市場が上昇基調を保ち続けるのであれば、ＧＰＩＦが年金給付の財源として売却しなければならない資産の「数量」は予定より少なくて済むことになりますから、こうしたリスクは顕在化することはありません。しかし、「世界最大の機関投資家」であるＧＰＩＦが財源を確保するために毎年5兆円以上の保有資産を市場で売却する中で、市場が上昇基調を保つことを前提にするのは余りにも楽観的過ぎるように思えます。

直近160兆円もの大規模な運用資産を持つGPIFが、仮に毎年5兆円ずつその資産を取り崩していくとすると、単純計算で資産が枯渇するまで32年かかります。それは、32年間GPIFがずっと金融市場において売手でい続けるということでもあります。GPIFが32年間金融市場の売手であり続ける中で、日本の株式市場が上昇基調を保てるでしょうか。

もちろん、GPIFが32年間株式市場の売手として存在し続けたとしても、株式市場に与える影響が32年間変わらないということではありません。市場に与える衝撃度という点では、「世界最大の機関投資家」として株式市場の最大の買手であったGPIFが売手に転じる時が最も大きくなることが想像されます。そして、GPIFの資産規模が十分に大きくその投資行動が無視し得ない間は市場に大きな下落圧力を与え続けることになるでしょう。それは、GPIFの資産が取り崩され続けてその資産規模が「並の投資家」、さらには「小さな投資家」へと変身していくまで続くことになりそうです。

将来の年金に対する不安を感じて自助努力で資産形成に励もうとしている人たちは、近い将来、早ければ2020年度からこうしたことが現実になる可能性があることを念頭に置いておかなければいけません。

第5章

投資の常識は非常識

顧客は興味があってリテラシーが低いのがいい

「異次元の金融緩和」による日銀のETF買いと、GPIFの「基本ポートフォリオ変更」によって円安・株高を演出する一方で、政府は「貯蓄から投資へ」というスローガンを掲げて、個人投資家を金融市場に参加させるべく様々な施策を行ってきました。それは、日銀とGPIF以外に円安・株高を支える主体がどうしても必要だからです。

日銀がETFを購入し続けることは難しいうえ、GPIFが管理運用している年金積立金はいずれ年金給付の財源として使われることになっており、GPIFがいつまでも金融市場の支え手になっている訳にもいかないのです。

政府が金融業界と一体となって「貯蓄から投資へ」というスローガンを掲げて投資促進キャンペーンを推し進めるのは、将来個人投資家を日銀とGPIFに代わる買いの主体にしたい、さらにいえば日銀やGPIFの売物を吸収する主体にしたいという思惑があるからです。こうした構図は、将来世代に対して「One team」の一員としてGPIFの売物を吸収して自分たちの年金給付額を守れと号令をかけているようなものです。

政府が旗振り役を務める「貯蓄から投資へ」という投資促進キャンペーンの中で、数多の投資情報が提供されるとともに「分散投資」「ドルコスト平均法」「若いうちはリスクを取れる」などなど多くの「投資の常識」の浸透が図られています。

しかし、膨大な量の情報が提供され、数えきれないほどの投資セミナーなどが開催されているにもかかわらず、日本の「金融リテラシー不足」という問題は一向に解決されず、いつまでも「金融リテラシー向上」の必要性が叫ばれ続けているというのも事実です。

なぜこれほどまでに膨大な量の情報が提供され、数えきれないほどの投資セミナーなどが開催されているにもかかわらず、「金融リテラシー不足」という問題は一向に解決されないのでしょうか。

膨大な量の情報や、数えきれないほど開催されている投資セミナーで提供されている「投資の常識」のほとんどが、証券会社や銀行といった金融商品販売会社によって発信されていることが一つの大きな要因です。

金融商品販売会社の目的は、投資家に金融商品を販売することです。考えていただきたいのは、金融商品を販売するにあたり投資家（顧客）の金融リテラシーが高いのと低いのとどちらが金融商品販売会社にとって都合がよいか、ということです。

筆者は機関投資家として、それこそ世界中の金融商品販売会社から様々な金融商品のセールスを受けてきた経験を持っています。世の中には個人投資家向け商品と機関投資家向け商品がありますが、購入時の販売手数料もその後の信託報酬などのコストも機関投資家向け商品の方が極めて低くなっており、その分得られるリターンは高くなっています。なぜなら、機関投資家はまとまった資金を出すうえに、金融商品販売会社との間に金融リテラシーの格差もないからです。

むしろ投資の専門家である機関投資家の方が金融機関の営業マンよりも金融リテラシーが高いのが普通です。筆者は証券会社に依頼してオーダーメイドの投資商品を何回か組成した経験を持っていますが、その打合せの相手は担当営業マンではなく商品組成部隊の専門家でした。販売のプロであって、金融や投資、商品組成のプロではない営業マンには、デリバティブを含んだ筆者の要望を正しく理解して商品組成部隊に伝えることが難しかったからです。

このように投資家と販売業者の間に金融リテラシーに差がないどころか投資家の方が上回っている上に、機関投資家の場合、複数の証券会社と交渉することが可能ですから、商品組成のコストは一般的に販売されている金融商品と比較してかなり割安になるのです。

もちろんそれは販売業者側からすると販売に関わる手数料収入が減るということです。ただし、それは機関投資家全員に当てはまるわけではありません。機関投資家であっても、販売業者と対等以上のリテラシーを持っていなければ、個人投資家と同程度のコストを負担するしかないのです。

機関投資家と個人投資家をそのまま比較することはできませんが、金融商品販売会社の立場からすれば、金融リテラシーが低い客が多い方がビジネス的に美味しいことだけは間違いありません。銀行や証券会社からすると、自分たちが開催している投資セミナーによって参加者の金融リテラシー向上が図られてはビジネス的に困るというのが実情なのです。

政治の世界には「神輿は軽くてパーがいい」という有名な言葉がありますが、これになぞらえれば「顧客は投資に対する関心と興味はあって金融リテラシーが低いのがいい」というのが金融商品販売会社の本音です。

髪を切った方がいいか床屋に尋ねてはいけない

顧客の金融リテラシーが低い方が販売会社にとって好都合な理由は二つあります。

一つは、顧客の金融リテラシーが低ければ、顧客が担当営業マンの金融リテラシーを推し量ることができないことです。担当営業マンが少しでも顧客の知らない専門用語を使えば、顧客は勝手に営業マンの方が自分より金融リテラシーが高いと思い込んでくれるのです。こうなると、無意識のうちに顧客は担当営業マンを「先生」だと勘違いし、教えを乞おうとするようになっていきます。販売会社にとってこうなればしめたものです。

少し前に証券会社の店頭を訪れた定年世代の夫婦が、窓口の担当者に「株式投資を始めたいのですが、何を買えばいいでしょうか」と尋ねるというCMがありました。証券会社のCMに登場するこの手の客が、証券会社にとっては最高の客なのです。

「髪を切った方がいいか床屋に尋ねてはいけない」

これは日本でも信奉者の多い米国の著名な投資家ウォーレン・バフェット氏の格言です。このバフェット氏の格言に従えば、証券会社に行って「何を買ったらいいでしょうか」と聞くのは止めた方がいいということになります。証券会社に行くのは、自分が何をしたいのかを決めてからでも遅くありません。「だまされた」「カモにされた」と嘆く前に、自分が何をしたいのかを決めてから販売会社を訪ねることをお勧めします。

このように、金融リテラシーが低い人は「販売会社にとってとても都合のいい客」になる可能性が高い人ですので、そのまま金融リテラシーが低いままでいていただくのが最高なのです。多くの金融商品販売会社が数多くの投資セミナーを開催しているのは、参加者の金融リテラシーを向上させるためではなく、参加者を顧客にするためでしかありません。投資に関心や興味を持っていて金融リテラシーが低いというのが商品販売会社にとって上客の条件なのですから、投資セミナーは参加者の関心をひきつけるだけで金融リテラシーを向上させるような内容にならないのは当然なのです。

顧客の金融リテラシーが低い方が販売会社にとって好都合である二つ目の理由は、販売会社側が金融リテラシーの高い営業マンを揃えなくて済む点にあります。

1点目の理由で触れましたが、金融リテラシーが低い顧客に対して必要なのは、その客から自分よりも相対的に金融リテラシーが高く見える担当者であり、必ずしも本当に金融リテラシーが高い担当者を用意する必要はありません。

もし、金融リテラシーの高い客が増えて本当に金融リテラシーが高い担当者を多数揃える必要に迫られる事態になったら、販売会社にとっては一大事です。金融リテラシーが低いといわれる日本で、金融リテラシーの高い人材を多く確保するのは極めて難しいことですし、教育で金融リテラシーの高い営業マンを作ろうとしたら相当のコストが必要となるからです。ここでの問題は費用だけではありません。一般的に金融リテラシーが高くない日本では、営業マンの金融リテラシー向上を図る教育プログラムも教師もほとんど存在しないこと自体が大きな問題になってしまうのです。

これに対して、金融リテラシーが低い顧客よりも相対的に金融リテラシーが高く見える担当者であれば、コストをかけることなく比較的簡単に確保することができます。本社のアナリストやエコノミストから出される専門用語が散りばめられたレポートなどを記憶すればいいだけですから。

ポイントは、レポートや投資セミナーを通して世の中に大量に提供される情報は、顧客の金融リテラシーが向上しては困る金融商品販売会社から出されているということです。

こうした現実が物語るのは、世の中に出回っている投資情報などを丸暗記したところで金融リテラシーの向上は期待できないということを示しています。それどころか、販売会社から発信される情報を丸暗記してくれるような顧客が最高の上客になっていくのです。

販売会社によって流される「投資の常識」

金融商品販売会社からは投資情報と共に「投資の常識」が流されています。

本著を手に取っていただいている方々の間にも、「若いうちはリスクを取れる」「分散投資が重要」「資産形成にはドルコスト平均法」といった多くの「投資の常識」が浸透しているのではないかと思います。

しかし、現在「投資の常識」として当たり前に受け入れられているものが、本当に「投資の常識」なのかは定かではありません。金融商品販売会社から流される「投資の常識」が「投資の常識」として定着できたのは、金融商品販売会社に都合がいいその「投資の常識」を、誰も検証してこなかったからでもあります。

現在「投資の常識」といわれているものの多くは、1990年のバブル崩壊後に今のような地位に格上げされてきたものです。その過程は、バブル崩壊によって大きく変わった株式市場の中で証券会社がどのように生き抜いていくかを模索した苦悩の歴史でもあります。

バブル崩壊後の証券業界がやらなければならなかったのは新しい顧客を獲得することでした。バブル崩壊によってそれまでの顧客が大きな傷を負ってしまったからです。しかし、そのためには80年代までとは違ったロジックが必要でした。新しいロジックを模索していた証券会社が最初に目を付けたのは「家計の金融資産」です。

１９９０年の日本の個人金融資産残高は９２４・６兆円でした。そしてその構成は「現金・預金」が53・９％、「株式」が９・０％、「投信」が４・２％と、「現金・預金」に偏重していていました。これに対して米国の個人金融資産構成は「株式など」が50％を超え、「現金・預金」は20％に満たないものでした。日本の金融資産構成が「貯蓄偏重」であったのに対して、米国の金融資産構成は「投資偏重」だったところに証券業界はまず目を付けたのです。

１９９０年のバブル崩壊によって国内投資家の多くが傷付きました。さらに、大手証券会社が繰り返した無用な「底入れ宣言」を信じて「押し目買い」を繰り返した投資家の傷口がさらに広がったこともあり、国内証券会社の信頼は大きく失墜してしまいました。投資家の多くが、外資系証券会社の裁定解消取引の前に国内の大手証券会社の力は全く通じないということを目の当たりにしたことも、国内証券会社の信頼失墜の原因になりました。

バブル崩壊によって日本では、外国人は日本人よりずっと金融リテラシーが高い存在だという考えが自然と植え付けられていったのです。それ故に米国の「投資偏重型」の個人金融資産構成が、日本の将来あるべき姿であるという主張は一定の納得感をもって受け入れられたのです。少なくとも、当時の証券業界はそのように考えました。

こうして声高に叫ばれ始めたのが「貯蓄から投資へ」というスローガンです。

日本社会の金融リテラシーが向上していけば、個人金融資産の構成は金融リテラシーが高い米国に近付いていくことになる、という説得力のある論理に基づいた「貯蓄から投資へ」というスローガンは、証券及び資産運用業界の期待を一身に受け投資レポートや投資セミナーでも繰り返し紹介されることになりました。

バブル崩壊によって危機に陥った当時の証券業界では「１０００兆円の個人金融資産の１%でも株式投資に回ってくれれば」という言葉がよく交わされていました。僅か１%だけといっても10兆円という大規模な資金が株式市場に流れ込むことになるわけですから、バブル崩壊で苦しむ業界が大きな期待を掛けるのも当然のことでした。

しかし、証券業界の人間の心には響いた「貯蓄から投資へ」というスローガンも、業界の期待ほどの効果は発揮しませんでした。

「プロパガンダの天才」と呼ばれたナチスの宣伝相ヨーゼフ・ゲッベルスは「嘘も100回言えば真実になる」と言ったと伝えられています。「プロパガンダの天才」よろしく証券業界は「貯蓄から投資へ」というスローガンを何万回も繰り返しましたが、残念ながら真実として受け入れられることはありませんでした。それは、バブル崩壊の影響が株式に投資していた人たちだけでなく全ての人たち、社会全体に及んでいたことの証明でもありました。

「日本人の金融資産構成は米国型に向かう」という主張の矛盾

「貯蓄から投資へ」のスローガンの裏付けとされた、日本社会の金融リテラシーが向上していけば米国のように個人金融資産構成は「リスク資産偏重」になっていくはずだという証券業界が大きな期待を掛けたロジックには、当時の証券業界の主張とは矛盾する内容が含まれていました。

「貯蓄から投資へ」というスローガンが掲げられ始めた頃、証券業界は今や「投資の常識」

になっている「若いうちはリスクを取れる」という考えも取り入れていました。そして、その考えに基づいた「ライフサイクルファンド」の販売にも力を入れていたのです。

この「ライフサイクルファンド」について証券業協会のウェブサイトでは次のように説明されています。

「ファンド購入者が若年層の場合は、運用の期間が長くなりますので、リスクは大きくとも長期的には高いリターンが期待できる株式の組み入れ比率を高めた積極運用を行います。一方、高齢層に近づくにつれて運用の期間が短くなるため、確定利付き商品の組み入れ比率を増やした安定運用に資産配分を変えていくものです」（証券業協会「金融・証券用語集」）

つまり、「ライフサイクルファンド」というのは、リスクを多く取れる若いうちは株式というリスク資産に多く投資し、年齢が上がっていくにつれて株式などリスク資産の組み入れ比率を落として債券などの安定資産の比率を増やしていくという考えに基づいて運用を行うファンドの総称です。

この考え方が本当に正しいかどうかは別問題として、「若いうちはリスクを取れる」という考え方に基づいた「ライフサイクルファンド」においては、結果はともかく、リスク選好の度合いが年齢とともに変化していくという考え方と運用方針の間に一定の整合性があるといえます。

また、「貯蓄から投資へ」というスローガンのもとになっている、日本社会の金融リテラシーが向上していけば、日本の個人金融資産の構成比は金融リテラシーの高い米国のように「リスク資産中心」のものになっていくはずだ、という主張も正しいかどうかは別として、金融資産の構成と金融リテラシーに高い相関があるという前提に基づけば一定の整合性のとれた意見だということができます。

問題は、個別に見れば整合性のとれたこれらの二つの考え方を同時に主張すると矛盾が生じてしまうことです。

それは、日本と米国の「高齢化比率」が大きく異なっているからです。日本が世界で最も早く、急ピッチで高齢化が進んでいることは当時から周知の事実でした。米国は「金融リテラシー」の面では日本よりずっと先進国かもしれませんが、「高齢化社会」という点においては日本の方が米国よりもずっと先進国だったからです。

内閣府の「平成30年版高齢社会白書」（P．190の図表13）によると、2015年時点での日本の総人口に占める65歳以上の割合である「高齢化率」は26・6%と、ドイツの21・1%、スウェーデンの19・6%、フランスの18・9%、米国の14・6%などを大きく引き離して世界のトップとなっています。

この白書で示されているデータによれば、2015年の26・6%という日本の「高齢化率」をドイツが上回るのが2030年、フランスは2050年、イギリスは2060年とずっと先のことであり、米国に至っては2060年までの間これを上回ることはないと推計されています。

このように、日本では米国に比べて高齢化が大きく進んでいるのです。仮に「ライフサイクルファンド」の前提となっている「若いうちはリスクを取れる」という考え方が正しいとすれば、世界に先駆けて急激に高齢化が進んでいる日本で、世界に先駆けて「リスク資産から安定資産へ」という動きが現れていても当然だということになります。それは、世界で最も早く高齢化が進んでいる日本の金融資産構成が、先進主要国の中で最も高齢化の進展が遅いと見込まれている米国の金融資産構成に近付いていくことは考えにくいということでもあり、むしろ、高齢化後進国である米国の金融資産構成が、高齢化が進み始めるにつれて高齢化先進国である日本の姿に近付くと考えた方が合理的だということでもあ

図表13◎世界の高齢化率の推移

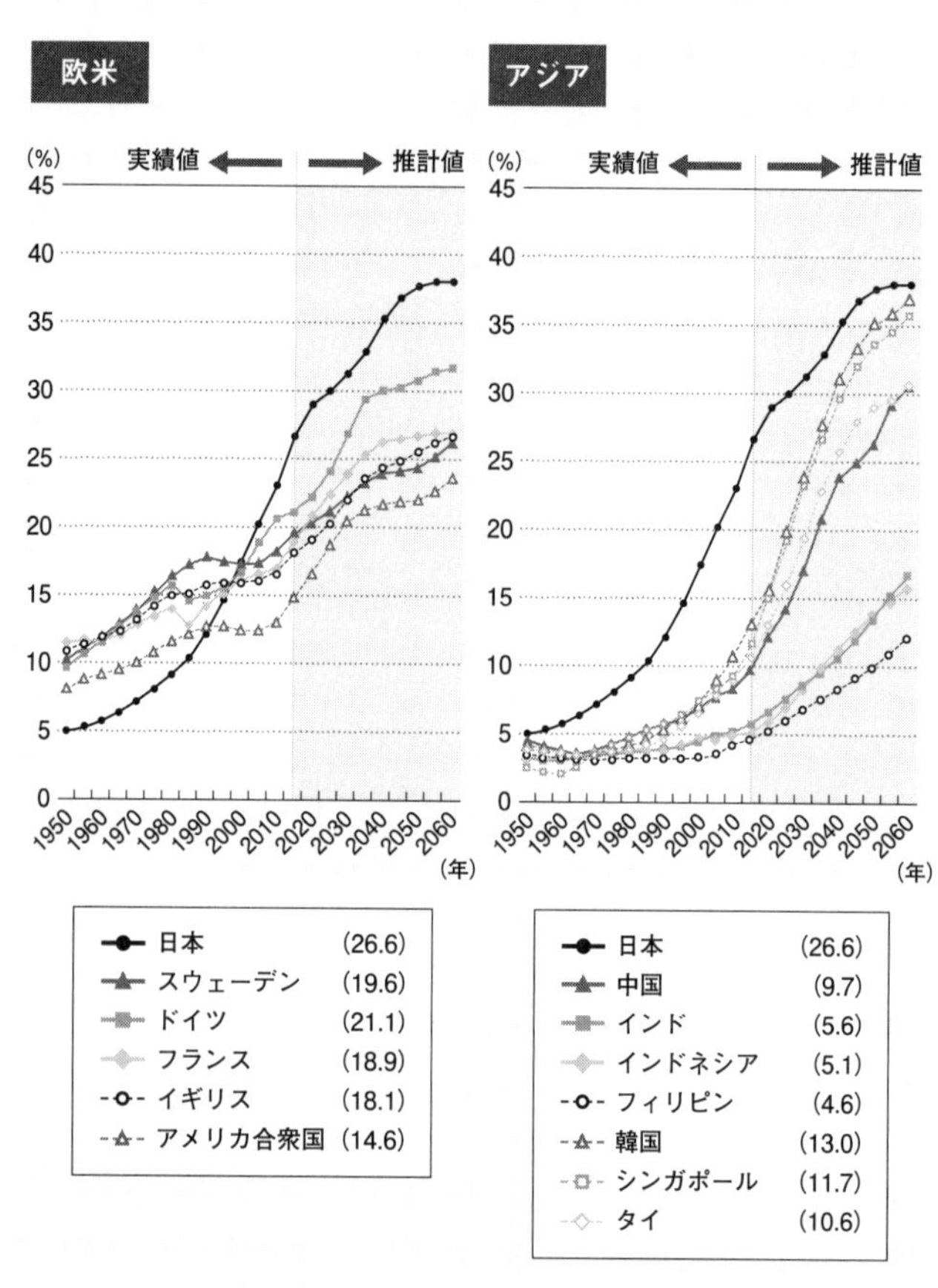

※日本は、2015年までは総務省「国勢調査」。2020年以降は国立社会保障・人口問題研究所「日本の将来推計人口(平成29年集計)」の出生中位・死亡中位仮定による集計結果による。
(出典)内閣府「令和元年版高齢社会白書」2019年6月18日

ります。

「若いうちはリスクを取れる」という考え方に基づいた「ライフサイクルファンド」の販売に力を入れていた証券業界が、同時に「貯蓄から投資へ」というスローガンを掲げて「高齢化先進国」である日本の「預貯金偏重」型の個人金融資産の構成が「高齢化後進国」である米国の「リスク資産中心」の個人資産構成に近付いていくという主張を展開することは、矛盾を孕んでいたのです。

当時こうした矛盾に気づく人は証券業界にも顧客にもほとんどいませんでしたが、「貯蓄から投資へ」というスローガンが今になってもほとんど受け入れられていないという現実を見ると、多くの国民は漠然と主張の矛盾を感じ続けているのかもしれません。

若いうちはリスクを取れる?

401kでもお馴染みの「ライフサイクルファンド」は「若いうちはリスクを取れる」という理屈に基づいて作られており、運用と理屈の間には論理的整合性がとれているといえます。

しかし、それは「若いうちはリスクを取れる」という考え方が正しいことを意味するものではありません。

1988年から資産運用業界に身を置いている筆者は、「若いうちはリスクを取れる」という考え方は、バブル崩壊で既存顧客を失った証券業界が、新たな若年層を顧客に取り込もうとして編み出したセールストークだと思っています。少なくとも、バブル崩壊前の1980年代にはこうした考え方を聞いたことはありませんでした。もちろん高邁な考え方や「投資の常識」を振りかざさなくても十分な資金が集まっていましたから不必要だったという部分も大きいと思いますが。

「若いうちはリスクを取れる」という考え方は一見もっともらしく聞こえるものかもしれません。実際に年金運用などの分野でも、「御社は成熟度が低い（加入者の平均年齢が若い）ので内外株式の比率を高めた積極運用でいきましょう」とか、「御社は成熟度が高い（加入者の平均年齢が高い）ので債券の比率を高めにした安定運用でいきましょう」という提案が日常的になされており、「投資の常識」の一つになっています。

しかし、「若い＝リスクが取れる」という公式は「投資」「資産形成」という観点から考

図表14◎「資産形成」開始年齢と必要運用利回り

年齢	資産形成期間(年)	積立額累計(万円)	必要運用利回り
30歳	35	1,750	2,96%
35歳	30	1,500	4,41%
40歳	25	1,250	6,63%
45歳	20	1,000	10,41%
50歳	15	750	17,81%
55歳	10	500	36,92%
60歳	5	250	144,77%

※図表は筆者作成

えると少々安易過ぎるように思えます。「投資」や「資産形成」において最も重要な要素は「時間」です。四半世紀にわたって資産運用業務に携わってきた筆者は、この「時間」を友達にできるかどうかで運用の巧拙が決まるといっても過言ではないと考えています。

では、どのようにして「時間」と友達になればいいのでしょうか。

そのためにまず必要なことは、自分の運用期間と目標金額を明確にすることです。例えば、65歳になった時に3000万円の金融資産を作るというような感じです。（P．193の**図表14**）

このような目標を設定した場合、資産形成

を始める年齢次第で資産形成期間という「時間」が変わるので、それによって必要な運用利回りは異なってくるということは感覚的に当然だと感じてもらえると思います。

仮に、65歳の時点で3000万円の金融資産を作ることを目指して「毎月3万円＋ボーナス時7万円＝年間50万円」を老後資金として積み立てるとした場合を考えてみましょう。

まず、30歳から資産形成を始め運用期間が35年（積立額累計1750万円）になる人は、単純計算では投資資金を2・96％で運用できれば目標金額3000万円を達成できることになります。

それに対して、資産形成を始めるのが40歳で運用期間が25年（積立累計額1250万円）の人は、目標の3000万円を達成するためには単純計算では投資資金を6・63％で運用しなければなりません。さらに運用開始年齢が50歳で運用期間が15年（積立累計額750万円）しかない人は目標達成のためには17・81％の運用利回りが必要だという計算になります。

つまり、年間の積立額を同じにした場合、資産形成を始める年齢が若ければ若いほど目標の65歳時点で3000万円という目標を達成するために必要な運用利回りが低くて済むということです。運用利回り、リターンは取るリスクを源泉に得られるものですから、必要な運用利回りが低くて済むということは、取るべきリスクも低くて構わないということと同義です。
「時間」という要素を加えて考えると、「若いうちはリスクを取れる」という「投資の常識」とは反対の、「時間というアドバンテージがある若いうちは高いリスクを取る必要がない」という結論が導き出されるのです。

こうした「時間」という概念を考慮せずに「若いうちはリスクが取れる」という投資の常識に従って、30歳の時に取る必要のないリスクをとって資産形成を始めた場合どうなるでしょうか。

もちろんそれが成功すれば、想定以上の資産を手にすることができるでしょう。しかし、もし失敗して10年後の40歳の時に想定以上の損失を抱えてしまった場合、そこから先25年間で目標を達成するために必要な運用利回りは元々の約3％より高いものになってしまいます。つまり、「年齢を重ねたことでより多くのリスクを取らなければならない」状況に追い込まれるということです。これは「若いうちはリスクを取れる」という現在の「投資の常識」の正反対の行動を取る必要に迫られるということにほかなりません。

「若いうちはリスクを取れる」という「投資の常識」は、「年齢を重ねるにつれてリスクを落とす運用を可能にするような運用をせよ」ということだと解釈するべきだと思います。資産形成を始める年齢、つまり「運用期間」と「目標額」、「年間の積立額」の三つを決めれば目標を達成するために必要な「運用利回り」が算出できます。この「運用利回り」が「時間」というアドバンテージをどのくらい持っているのか、どのくらいのリスクを取るのが適正なのかを判断するうえで重要な指標となるのです。必要な「運用利回り」が3％程度だったとしたら、新興国の株式や仮想通貨といったリスクの高い商品に手を出すことが賢明な選択ではないことは特別な金融リテラシーを持っていなくても分かるはずだからです。

ドルコスト平均法はノーベルセールストーク賞

「若いうちはリスクを取れる」という「投資の常識」の次に触れておかなければならないのは、今や投資の王道のような扱いをされている「ドルコスト平均法」についてです。何より、年金不安から自助努力で資産形成をしようとする人たちの多くがこの手法を使おうとしているので、「ドルコスト平均法」に対する理解を深めることはとても重要です。

資産形成を目指す人たちの多くが使うこの「ドルコスト平均法」ですが、知名度が高い割には正しく理解されているとはいいがたい状況にあります。気になることは「ドルコスト平均法」で長期積立運用をすれば目標を達成できるかのような説明をする人や、そのように思い込む投資家が多いところです。

今や押しも押されもせぬ「投資の常識」の横綱の一つになっている「ドルコスト平均法」ですが、「投資の常識」に躍り出たのはやはり1990年のバブル崩壊後からです。それは、この考え方がバブル崩壊によって苦境に陥った証券業界にとってとても好都合だったからです。

1989年末に日経平均の史上最高値3万8915円を記録した株式市場は、1992年8月には1万4308円と、3年も経たない間に半値以下まで下落するという未曽有の大暴落に見舞われました。このバブル崩壊は投資家の資産を大きく棄損させたのと同時に、証券会社の経営にも大きな打撃を及ぼしました。株価の急落によって証券会社は「手数料収入の減少」「信用取引縮小に伴う金融収入の減少」「自己勘定で保有する株式などの評価損」という三重苦に陥ることになったからです。

苦境に陥った当時の証券業界の最重要課題は、何とか投資家を呼び戻して株価を、そして株式市場の活況を取り戻すことでした。「貯蓄から投資へ」というスローガンも、「若いうちはリスクを取れる」という「投資の常識」もそのために絞り出されたものでした。しかし、いくら「貯蓄から投資へ」というスローガンや「若いうちはリスクを取れる」という「投資の常識」を繰り返しても、凍てついた投資家の心を溶解させることはなかなかできませんでした。株式市場が波乱の展開を見せる中で投資家に期待を持たせ、その背中を押すために「押し目買い」という旧態依然とした投資に替わる新時代の投資方針が必要だったのです。そうした中で脚光を浴び始めたのが「ドルコスト平均法」というものでした。

いつの時代でも、投資資金は株価が上昇基調にある局面では自然と利益を求めて株式市場に流れ込んでくる一方、株式市場が下落基調に転じると潮が引くがごとく減ってしまうものです。バブル崩壊によって多くの投資家が大きな痛手を被った1990年代は下落局面にあり、こうした傾向が一段と顕著になりました。

株価が安い時に買い、上昇した時に売るというのが株式投資の王道ですが、バブル崩壊によって多くの投資家が傷付いたこの時代には、株価が下落した際に買いに出る投資家がほとんどいなくなっていました。それは、多くの投資家がバブル崩壊によって損失を被っただけでなく、バブル崩壊前まで「投資の常識」であった「押し目買い」が新たに多数の被害者を生んでいったからです。

「押し目買い」が新たな被害者を生み出していったことで、いくら証券会社の営業マンたちが「押し目買い」を勧めても、顧客は反応しなくなってしまいました。株価下落局面で投資資金を集められなければ株価下落に歯止めをかけられませんから、それがさらなる投資家の減少を招くという負の連鎖を生んでいたため、株価下落局面で投資資金を集めることが証券業界にとって急務だったのです。

そこで持ち出されたのが「ドルコスト平均法」という投資手法でした。長期投資を前提に、短期的な相場状況にかかわらず毎月一定額を投資するという投資手法は、長期投資に加え株価下落局面での投資もしてくれる投資家を探していた証券業界にとっては救いの神でした。

長期投資を目標に、株価下落局面でも投資してくれる投資家を生み出す「ドルコスト平均法」は、「証券業界にとってノーベルセールス賞」といえるものだったのです。

ドルコスト平均法浸透の環境を作り出したバブル崩壊

「ドルコスト平均法」が証券業界にとって魅力的だったのは、毎月一定額を投資することのメリットを理解してさえもらえば、それ以降の購入はほぼオートマチックに行われるというところでした。バブル崩壊によって顧客からの信頼を失った証券会社や担当セールスマンの曖昧な「相場観」に頼る必要がなくなることは、安定的に投資資金を確保したい投資信託などの商品を提供する証券会社にとっても、特定の「相場観」を押し付けられることなく商品を購入できる投資家にとっても大きなメリットだったのです。

また、バブル崩壊によって投資信託の商品性が大きく変化していたことも「ドルコスト平均法」の普及に大きく貢献する大きな要因の一つとなりました。バブル崩壊前までの投資信託は、購入期間と解約できる時期があらかじめ決められている単位型が主役でした。あらかじめ運用期間が決まっていた単位型投信は、解約できないクローズド期間を設けることで運用資産を安定させ、安定した運用ができるような商品設計で、投資家が好きな時に参加できる現在主流の追加型投信とは大きく異なるものでした。

しかし、バブル崩壊によって、購入期間と解約できる期間があらかじめ決まっているうえにクローズド期間があるという単位型の商品性の弱点が一気に露呈し、あっという間に廃れていったのです。それによって、投資信託を販売する証券会社側からすると、クローズド期間中に起きたバブル崩壊によって運用成績が大幅に悪化した商品の解約対応とクレーム処理、謝罪に追われ、とても新規設定ファンドの募集までは手が回らなくなってしまいました。

こうした後ろ向きの業務を担当するのは、投資信託を運用している運用会社ではなく、投資信託を販売している証券会社です。証券会社は販売手数料に加えて信託報酬の半分近くも受け取っていますから当然の業務だといえば当然の業務なのですが、証券会社側にこんな商品は売りたくないという不満が高まっていったのも自然の流れでした。

一方クローズド期間中にバブル崩壊が起きたことで、解約したくてもできずにみすみす大きな損失を被った投資信託を購入した投資家側からしても、自分の判断で売買ができない単位型投資信託は魅力のない商品でしかなくなっていました。このようにバブル崩壊によって販売側、投資家側両方から見放されたことによって、単位型投資信託は一気に廃れていくことになりました。

とはいえ、証券会社にとって貴重な収入源であった投資信託の取り扱いを止めるという選択肢もありませんでした。それゆえに、証券会社はいつでも売買ができる追加型投信（オープン投信）の販売に注力していくようになったのです。バブル崩壊後の不安定な株式市場では、募集期間と解約できない期間があらかじめ定められていて自由に売買ができない単位型投資信託より、相場観に基づいていつでも売買できる追加型投信の方が、証券会社にとっても投資家にとってもずっとメリットがあったのです。

日々投信のパフォーマンス悪化の苦情処理という後ろ向きの業務に忙殺された証券会社の中から、投信会社に対する批判が高まっていくのは当然のことでした。「能力の低いファンドマネージャーに運用は任せられない」という怒りと、手数料収入を確保するために投信を売らなくてはならないという相対立する感情の中で生じたのは「単位型から追加型へ」という流れだったのです。

いつでも好きなタイミングで投資ができる追加型投信は、募集時期も含めて運用期間があらかじめ決められている単位型投信と比較すると、ファンドマネージャーの運用能力の影響を極力排除し、投資家の相場観をより反映するのに適した商品性を持っていました。投信会社のファンドマネージャーの運用能力に疑問と怒りを抱いていた証券会社にとって、ファンドマネージャーの運用能力の影響を極力排除でき、営業マンの相場観を強く反映できる追加型投信が投信販売の主力になっていくのは当然の流れだったのです。

さらに、営業マンの相場観を強く反映できるようにするためには、投資信託のファンドマネージャーの運用能力が反映されないようにするためのもう一工夫を加える必要がありました。そこで採用されたのが「高位組入を維持する」という運用方針です。株式の組入比率を95%といった高い水準に維持すれば、ファンドのパフォーマンスは概ね市場全体の動きに連動しますから、営業マンの相場観を反映しやすくなったのです。

バブル崩壊後に「単位型から追加型へ」という流れが出始めた頃の証券会社のセールストークは「安心してください。この追加型投信という商品は投信会社のファンドマネージャーの相場観が入り込まないものですから」というものでした。こうして証券会社の営業上の事情もあり、バブル崩壊後の「単位型から追加型へ」という流れは決定的になっていったのです。

「ドルコスト平均法」が普及していった背景には、バブル崩壊によって投資信託の主役が単位型投信からいつでも追加設定と解約が可能で高位組入という運用方針を掲げた追加型投信（オープン投信）へ移るという大きな業界の流れの変化があったのです。

このような投資信託業界の変化の流れに「ドルコスト平均法」はぴったりはまったのです。相場状況とは無関係に毎月一定額を投資するこの「ドルコスト平均法」は、投信会社のファンドマネージャーの相場観を必要としない投資手法でしたが、それは同時に証券会社の営業マンの相場観を必要としない投資手法でもありました。投資信託のファンドマネージャーの相場観を排除するために証券会社主導で起きた「単位型から追加型へ」という流れが、営業マンの相場観をも必要としない「ドルコスト平均法」を投資の主役に押し上げることになったというのは、何とも皮肉な流れだともいえます。

「単位型から追加型へ」という流れの中で注目され始めた「ドルコスト平均法」を「投資の常識」にまで引き上げたのは毎月の積立投資、長期投資を謳う独立系投資信託会社の登場でした。新たに登場してきた独立系投資信託会社は、投資家の信頼を得られるような運用実績を持っていたわけではありませんでしたが、既存の証券会社やその系列の運用会社に対する信頼が地に落ちた時期だったこともあり、新しい投資家層から一定の支持を獲得することに成功しました。

また、毎月一定額を機械的に積立投資する「ドルコスト平均法」は、大きな資本や人材を持たない独立系投資信託会社にとっても営業面だけでなく、運用面でも都合のいい考え方だったのです。

営業面においては、毎月一定額を機械的に投資していくので、従来の証券会社のように多数の営業マンを抱える必要がありませんから、会社運営において固定費が少なくて済むようになり経営の安定性を保ちやすくなったのです。

また運用面では、積立による長期投資を謳うことで短期的なパフォーマンスを問われなくなったことに加え、株価が下落した局面では多くの株数を取得できるため、運用成績を安定させることも可能になったのです。

1990年のバブル崩壊後の投信業界は、バブル崩壊以前に設定され解約期間を迎えたファンドから大量に資金が流出する一方、バブル崩壊後は新規ファンドの設定がままならない状況に陥りました。筆者の所属していた業界最大手の投信会社でも、バブル崩壊前に設定された1000億円を超える大規模ファンドが連日解約に見舞われる一方、新規設定されるファンドは数十億円、酷い時には数億円といった大規模な解約超過状態に陥っていました。1000億円を上回る大規模ファンドの大量解約資金を確保するために保有資産を売却し続ける中で、規模が1割にも満たない小規模ファンドの運用成績を確保するのは現実的に不可能なことでした。株価の下落によって新規資金が入ってこないため、大幅な資金流出超過の中で運用しなくてはならない状況に追い込まれたこともバブル崩壊後急速に投信のパフォーマンスが悪化した大きな要因の一つでした。

営業マンを含めた人の相場観に基づいた商品、営業戦略が主流の場合、相場上昇局面では大量の投資資金が流入し、相場が低迷すると新規資金流入は大幅に細ってしまうという傾向が強まるため、「高値で買って、安値で買えない」、場合によっては「高値で買って、安値で売る」という状況に陥りやすくなります。これでは運用成績が安定することなど望むべくもありません。

これに対して機械的に一定金額を投資する「ドルコスト平均法」では、相場状況に関係なく一定のルールに従って投資をするため、相場観に基づいた投資に比較して大儲けはし難い反面、運用成績を安定させやすいのです。

また、単位型投信と追加型投信とでは求められるリターンやパフォーマンスの測り方が異なってくることも重要な要素でした。

単位型投資信託では、運用期間と解約ができないクローズド期間があらかじめ決められているので、求められるパフォーマンスは投資家の求めるリターン、つまりプラスのリターンを出すことになります。それは、運用開始時期と解約ができない期間があらかじめ定められているなど投資家の自由度が制限されているがゆえに、運用会社やファンドマネージャーが顧客の求めるリターンを確保するという責任を負う必要があるからです。

単位型投資信託の場合、運用会社とファンドマネージャーにプラスのリターンを求めてくるのは投資家だけではありません。その投資信託を販売する証券会社も営業上の理由からプラスのリターンを強く求めてきます。

例えば運用期間5年、解約ができないクローズド期間3年という単位型投信の場合、この投信を販売する証券会社はクローズド期間が終わったら顧客にその投信の解約と新たに設定される投信の購入、つまり投資信託の乗り換えを勧めるのが単位型投信主流時代における「証券会社の常識」でした。

「証券会社の常識」を販売会社と共有している運用会社も、運用期間5年、クローズド期間3年という単位型投信の場合、実質運用期間は3年という「短期運用」であることを前提に運用していました。クローズド期間である3年が経過すると資金の大部分が解約によって流出することが分かっていたからです。

したがって、クローズド期間が終わる3年後の基準価額の水準が、投資信託の乗り換えをスムーズに進められるかどうかという点において極めて重要だったのです。クローズド期間明け時点の基準価額が好調であれば投信の乗り換えがスムーズに進み、証券会社には手数料が入り、運用会社は運用資金の維持、拡大が可能になるからです。

反対にクローズド期間が終わる3年後に基準価額が大きく下落していて解約をすると大きな損失が生じてしまう場合には、乗り換えが進まないため証券会社は販売手数料を得られず、運用会社も運用資産の流出に見舞われることになるのです。

単位型投資信託に対して、解約ができないクローズド期間がなく、いつでも設定と解約が可能な追加型投信では、運用パフォーマンスを決めるのは投資家自身になりますから、特定の時点での基準価額の水準の重要性は単位型投資信託に比べてはるかに低くなります。それは、追加型投信は投資タイミングや期間などは全て投資家の判断に委ねられるため、基準価額の下落は投資家に押し目買いをする機会を与えることにもなるからです。

そのため、運用会社とファンドマネージャーに求められる運用成績は、東証株価指数（TOPIX）などあらかじめ決められたベンチマークを上回る運用成績を上げられるか否かという「相対パフォーマンス」になるのです。

さらに、運用期間が10年、20年といった長期投資を前提に「ドルコスト平均法」で追加型投信に投資する場合、2年、3年といった短期間のパフォーマンスは「長期投資」という名の下にそれほど重要視されない傾向にあります。

政府が公的年金を運用する自称「世界最大の機関投資家」であるＧＰＩＦが多額の損失を計上しても「短期的な動きには一喜一憂しない」という姿勢を取り続けているのはこうした傾向の代表例だといえます。

運用成績が安定しやすいうえに、短期的なパフォーマンスの変動が重要視されないなどの運用評価上のメリットなどもあり、「ドルコスト平均法」を利用した資産形成は２０００年前後から「投資の常識」としての地位を固めていったのです。

ドルコスト平均法の持つ本当のリスク

今日では「ドルコスト平均法」こそが資産形成における唯一絶対的な投資方法であるかのように信仰心を植え付けるような風潮まで出てきてしまっているようです。こうした風潮もあり、「ドルコスト平均法」が持つ本当のリスクにはほとんど触れられることはなくなってしまいました。

「ドルコスト平均法」のデメリットなどについては「短期的なキャピタルゲイン狙いには適さない」「定期的で継続的な投資では手数料負担が積み上がる」「安値の時に大量買いができない」「大負けはしないが大勝ちもできない」などの指摘がされています。

しかし、こうした指摘されているデメリットは本質的なリスクとはいえません。

「ドルコスト平均法」の本質的リスクは違うところにあります。「ドルコスト平均法で資産形成を始めれば大丈夫」という根拠なき安心感に浸って安易にスタートする前に「ドルコスト平均法」が持つ本質的リスクについても知っておいた方が賢明です。それを理解したうえで資産形成を初めても遅くはないはずですし、本質的リスクを理解していればそれを回避するための対策を講じることも可能になるからです。

「ドルコスト平均法」のブームで気になることは、「目的と手段」が本当に一致しているかどうかという点に誰も目を向けていないところです。「ドルコスト平均法」での投資を始める際には、何を目的とした運用手法なのかをまずきちんと把握しておくべきではないかと思います。

では、まず「ドルコスト平均法」について再確認して、この方法が内包する問題点について考えていきましょう。

投資信託協会はウェブサイト上で「ドルコスト平均法」について
「投資信託や株式の価格変動リスクを軽減するため、一度にまとめて購入するのではなく、例えば毎月一定額というように、定期的に定額を買付ける投資の方法のこと。一定額で買付けるので、価格が安い時には多く、価格が高い時には少なく買付けることになり、結果として平均買付け価格を下げる効果が得られる」（投資信託協会「用語集」）

と解説しています。この解説でも指摘されている通り「ドルコスト平均法」は「平均買付け価格を下げる効果」をもたらす投資手法です。まずはこの認識を持つことが必要です。

もし、皆さんの「ドルコスト平均法」で投資をする目的が「買付けコストの平準化」であるならば、「ドルコスト平均法」は皆さんの目的に合った適切な投資手法だといえます。しかし、皆さんの目的が「老後に必要な金融資産を作る」ことだとしたら、「ドルコスト平均法」は「目的と手段」が一致した投資手法だとはいいきれません。

では「ドルコスト平均法」の本質的リスクについて考えてみましょう。

繰り返しになりますが、まず「ドルコスト平均法」というのは「買付コストを平準化する」ことを目的とした投資手法であって、「目標金額を貯める」ことを目的とした投資手法ではないということを再確認してください。

そのような投資手法である「ドルコスト平均法」が持つ本質的リスクとは、「ゴール（例えば60歳とか65歳）に近付けば近付くほど積立資産は価格変動リスクの影響を強く受けるようになっていく」ということです。

例えば、30年後に３０００万円の金融資産を作ることを目標に毎月５万円ずつ年間60万円「ドルコスト平均法」で30年間投資をした場合を想像してください。30年後には投資元本総額は１８００万円になります。

「ドルコスト平均法」で資産形成を図るのは、長い資産形成期間に様々なリスクに見舞われることを想定しているからにほかなりません。仮に、投資対象が株式だとしたら、短期間のうちに50％近い下落に見舞われることも十分あり得ることだといえます。「ドルコスト平均法」で資産形成をする場合の最大の問題点は、こうしたリスクがいつ、どのタイミングで起きるのか、ということです。

例えば、前述のように毎月5万円の積立投資をした場合、1年後の投資総額は60万円です。仮に、積立投資を始めてから1年後の時点で株式市場が50％の下落に見舞われたとしたら、60万円の積立金額に対して資産評価額は30万円前後にまで下がってしまうはずです。

株価の下落によって投資資産の半分が失われるというのは投資家にとって極めて深刻なことだと思います。しかし、この時点で消し飛んだ評価額の30万円というのは、それまでの積立金額に対しては大きなものですが、「ドルコスト平均法」で30年後に作ろうとしている3000万円の老後資金に比較すると僅か1％にしか過ぎない規模でもあり、「一喜一憂しない」で済むものだともいえます。

これに対して、例えば25年後、積立金総額が1500万円に達したタイミングで50％前後の下落に襲われたとすると、750万円前後の評価額が消え去ることになってしまいます。この消滅した750万円という評価額は、目標としている3000万円の金融資産総額に対して25％、投資累計額の50％にも達するものですから、資産形成のうえでは「一喜一憂しない」とは言っていられない深刻な損失だといえます。

当たり前のことですが「ドルコスト平均法」を利用した積立投資では、時間の経過とともに累計投資額が増えていきます。それゆえ、ゴールに近づけば近づくほど価格変動リスクの影響を受けやすくなるという宿命を背負っているのです。

それは、「ドルコスト平均法」の最終的な結果は、例えば投資対象が日経平均株価だったとしたら、ゴール時点の日経平均株価に大きく依存しているということです。「ゴールに近付けば近付くほど価格変動リスクの影響を受けやすくなる」という当たり前のリスクについてほとんど触れられていないことが、「ドルコスト平均法」の抱える大きなリスクかもしれません。

では、過去の日経平均株価の実際のデータを使ったシミュレーションで、「ドルコスト平均法」の長所と短所を確認してみましょう（P．215の**図表15**）。あくまで過去のデータを使った簡易的なシミュレーションですので、細かな数字に拘らずに大枠を見ていただきたいと思います。

まず、バブル崩壊前の1989年4月から2019年3月まで30年間、毎月5万円、年間60万円を「ドルコスト平均法」を使って資産形成するとした場合のシミュレーションを見てください。シミュレーション結果を見ると、30年間の投資累計額1800万円に対して、投資終了の2019年3月末時点での評価額は約2612万円となり800万円を超える評価益が出ています。

スタート時点の1989年4月末の日経平均株価が3万37113円であるのに対して、

図表15◎日経平均株価の推移とドルコスト平均法の効果①

from 1989/4 to 2019/3 30Y

※図表は筆者作成

ゴール地点の日経平均株価が2万1205円と、日経平均株価が1万2508円、率にして37％も下落したにもかかわらず、「ドルコスト平均法」の効果によって平均買付コストが1万4514円に抑えられたことで、株価が大きく値下がりする中でも800万円を超える評価益を確保するという好結果になりました。

ただ、シミュレーション結果を見れば明らかなように、評価益が出るようになったのはアベノミクスが始まって株価が上昇し始めた2013年に入ってからで、株価が低迷していた2012年秋までは500万円を超える評価損を抱えていました。2012年秋ということは、「ドルコスト平均法」で資産形成を始めて23年半が経過した頃で、それまでの累計投資総額は1175万円程度まで膨らんできていた時期です。累計投資金額1175万円に対して500万円を超える評価損というのは、「ドルコスト平均法」による積立投資を続けることに対して疑問が湧いてきてもおかしくない厳しい状況だったといえます。

しかし、2013年からアベノミクス相場がスタートしたことによって、2012年秋頃に500万円を超えるところまで膨れ上がった評価損は、日経平均株価がアベノミクス後の月末高値2万4120円を付けた2018年9月末には一気に1100万円を超える評価益に変わっていきました。最終的には最高値を記録した後2019年3月末までの半年間で日経平均株価が２９１４円、率にして12％下落したため、２０１９年３月末時点の評価益は８００万円強まで減らして着地する結果となっています。

「ドルコスト平均法」を使った積立投資のスタートが１９８９年４月というタイミングだったということは、30年間の資産形成期間の間に１９９０年のバブル崩壊や２０００年のＩＴバブル崩壊、２００８年のリーマン・ショックなど多くの節目がありましたから評価損益も大きく変動することになったのも当然のことです。それでも最終的に８００万円を超える評価益を生み出したことは、資産形成期間の株式市場が波乱の展開だったことを考えると悪くない成果だったといえそうです。

しかし、結果的に８００万円という評価益を生んだとはいえ、ゴール時点の評価額は２６１２万円であり、「30年後に３０００万円の金融資産を作る」という目標を達成できなかったことも事実です。

また、投資累計額１８００万円に対して約８００万円の収益を生んだわけですから、「ドルコスト平均法」によって約45％のリターンを上げたという言い方もできるかもしれません。しかし、30年間の平均運用利回りに直してみるとそれは1・25％でしかありません。同じ期間の10年国債利回りの単純平均利回りが2・09％であったことを考えると、結果論としては株式より安全性の高い国債運用をしていた方が賢明だったともいえる状況です。

では次に、僅かな投資期間の違いで結果が大きく変わってくることを確認してみましょう（P．219の**図表16**）。ここでは、1983年1月から2012年12月の30年間と、前述の1989年4月から2014年3月までの30年間で同じ「ドルコスト平均法」で日経平均株価に投資した場合の結果を比較してみたいと思います。運用期間も投資対象も、毎月の積立金額も同じなうえに、運用時期もほとんど同じですが、最終的な結果は大きく異なってきています。その原因は、資産形成期間が1983年1月から2012年12月までの30年間だった場合、運用終了時にアベノミクス相場が始まっていなかったことです。

アベノミクス相場がスタートする前の2012年12月に期間満了となった場合は、470万円強の評価損が生じたのに対して、アベノミクス相場を1年享受した2013年12月に期間満了を迎えたケースでは、約246万円の評価益が得られているのです。このように僅か1年の運用期間のズレだけで、700万円以上評価益が異なってくるというのが、「ゴ

図表16◎日経平均株価の推移とドルコスト平均法の効果②

from 1983/1 to 2012/12 30Y

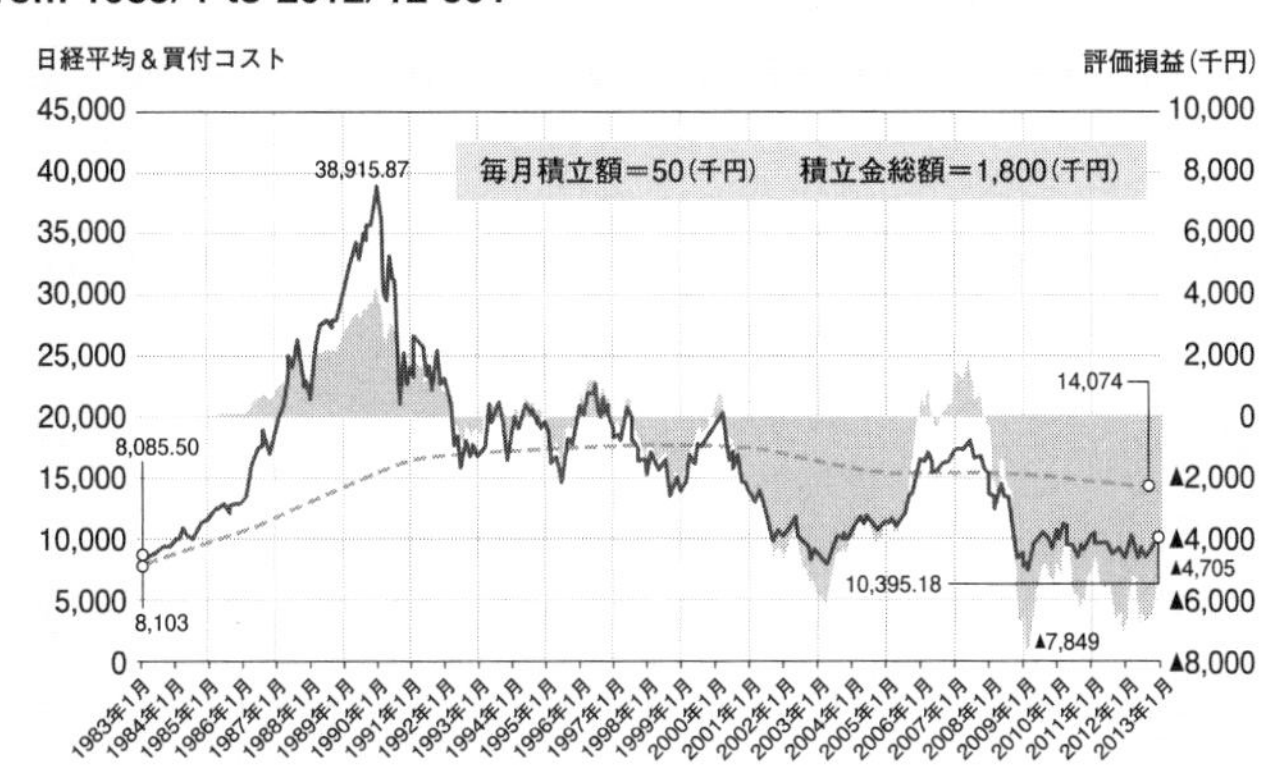

from 1984/1 to 2013/12 30Y

※図表は筆者作成

ールに近づくにつれ価格変動リスクの影響を強く受けるようになる」という「ドルコスト平均法」の特徴なのです。

注目されるのは、両者の平均買い付けコストにはほとんど差がないことです。1983年1月から2012年12月までの30年間の「ドルコスト平均法」による買付コストは1万4074円である一方、1年後スタートの1984年1月から2013年12月までの30年間の平均買い付けコストは1万3976円と、僅か100円弱の違いしかありません。

つまり、どちらの期間でも「ドルコスト平均法」による「平均買付け価格を下げる効果」は同じように発揮されているのです。それにもかかわらず結果としての収益が700万円以上も異なってきているのは、ゴール時点の日経平均株価の違いが最終損益に大きく影響を及ぼしているからです。アベノミクス相場がスタートする前の2012年12月末の日経平均株価が1万395円だったのに対して、アベノミクス相場がスタートした後の2013年12月末の日経平均株価は1万6291円と、1年間で5896円、率にして56・7%も上昇した影響です。

「ドルコスト平均法」による「平均買い付け価格を下げる効果」がほとんど同じであって

も、ゴール時点の日経平均株価が異なることで、運用成果に700万円もの大きな差が生じてくるのです。どちらのケースでも「30年後に3000万円の金融資産を作る」という目的を達成できなかったという点では同じですが、ゴールがアベノミクス相場のスタート後だった人は「ドルコスト平均法」による積立投資で損失を被ることはありませんでした。しかし、ゴールがアベノミクス相場のスタート前になった人は、目的を達成できなかったどころが、大きな損失を被る結果となったのです。

別に1年くらい株式を売却しないで保有し続ければいいだけだ、という意見も出てくるかもしれませんが、「大きなリスクを取れない年齢」になった時点で、1年間評価損を抱えた資産を保有し続けるという「大きなリスクを取り続ける」というのは容易いことではありません。

このように、「ドルコスト平均法」による積立投資は、最終成果がゴール時点の日経平均株価に大きく依存するという特徴を持っているのです。ゴールに近付けば近付くほど累計投資金額が大きくなるため、株式市場の価格変動の影響が大きくなるリスクを抱えているという「ドルコスト平均法」の特徴はしっかりと捉えておくことが重要です。

換言すれば、「ドルコスト平均法」による積立投資は、何もしなければ「歳を取るにつれて投資リスクが大きくなる」という投資手法であるということです。つまり、「ドルコスト平均法」による積立投資は、「若いうちはリスクを取れる」、「歳を重ねるにつれてリスクを落とした運用をする」という「投資の常識」とは正反対の側面を持っているということです。

現在の「投資の常識」である「若いうちはリスクを取れる」という考えと「ドルコスト平均法」による積立投資には、実は相いれない部分が隠れているのです。

「歳を重ねるにつれて投資リスクが大きくなる」「最終的な収益はゴール時点の日経平均株価の動向に大きく依存する」という「ドルコスト平均法」による積立投資の弱点を克服するためには、このような特徴を理解したうえで、それなりの工夫を加えていく必要があるということを知っておいていただきたいと思います。

分散投資に対する誤解

「さまざまな種類に分散して投資すればリスクも分散され、リターンの安定度が増すことが期待されます」

最近は、「ドルコスト平均法」による積立投資を検討している投資初心者に対して、このような言葉で、まずは分散投資をした投資信託などから投資を始めることを勧めることも多いようです。

「投資の常識」になっているともいえる「積立投資を始める時は分散投資」という考え方も必ずしも合理的なものであるかは定かではありません。

金融庁のウェブサイトでは、「分散投資」について下記のような解説をしています。

「リスクを減らす方法の一つに分散投資があります。分散投資には、「資産・銘柄」の分散や「地域の分散」などのほか、投資する時間（時期）をずらす「時間（時期）分散」という考え方があります」（金融庁ウェブサイト「分散投資」）

この中の「時間（時期）分散」を図るための代表的な手法が「ドルコスト平均法」による積立投資です。

これに続いて「資産・銘柄」の分散については、次のように説明されています。

「投資対象となる資産や、株式等の銘柄には様々なものがありますが、それぞれの資産・銘柄は、常に同じ値動きをするわけではありません。例えば、一般的に、株式と債券とでは、経済の動向等に応じて異なる値動きをすることが多い（例えば株式が値上がりするときには債券が値下がりする等）と言われています。

こうした資産や銘柄の間での値動きの違いに着目して、異なる値動きをする資産や銘柄を組み合わせて投資を行うのが「資産・銘柄の分散」の手法です。こうした手法を取り入れることで、例えば特定の資産や銘柄が値下がりした場合には、他の資産や銘柄の値上がりでカバーする、といったように、保有している資産・銘柄の間で生じる価格変動のリスク等を軽減することができます」（金融庁ウェブサイト「分散投資」）

投資初心者には少し理解しにくい説明かもしれませんが、重要な点は分散投資は「リターンを拡大する方法」ではなく「リスクを減らす方法」、中でも「価格変動のリスク等を軽減する方法」だということです。

株式は価格変動リスクが高い資産なので、株式よりも価格変動リスクが低く、異なった動きをする債券などを組み合わせた分散投資をすることによって、資産全体の価格変動リスクの低減を図ることが可能です。ＧＰＩＦなど大きな資金を運用する機関投資家の基本はこの分散投資です。

ここで投資初心者に気を付けていただきたいことは、「リスク」というと「損失を被ること」だと思いがちですが、投資の分野で「リスク」といった場合は通常「価格変動リスク」のことを指すということです。金融商品を勧める営業マンや運用を行っているファンドマネージャーたちが口にする「リスク」は「価格変動リスク」であって、多くの方がイメージする「損失を出すリスク」を表していないことが多いのです。

「価格変動リスク」とは文字通り、価格が上下に変動することでその大きさは統計的処理によって数字で表されます。「価格変動リスクが高い」といった場合は変動が激しいということですが、これが必ずしも損失が出る可能性が高いという意味ではないのです。

「価格変動リスク」が高いというのは、株価の値動きが上下に激しいということなので、損失が出た場合に損失額が大きくなる可能性があるのと同時に、大きな利益を生む場合もあるということです。つまり、損失が生じた場合には損失額が大きく、同時に利益が出た場合には利益額が大きくなるというような資産を「価格変動リスクが高い資産」、「ハイリスク・ハイリターン」と呼ぶのです。決して「リスクが高い＝損失を被る可能性が高い」「リスクが低い＝損失を被る可能性が低い」という意味ではないことをまず理解しておく必要があるのです。

それゆえ、分散投資によってリスクを低減できるというのは、「損失を被る可能性を下げられる」ということではなく、「損失を被った時の損失額を大きくしないようにすることができる」という意味なのです。

分散投資をすることによって「損失を被った時の損失額を大きくしないようにすることができる」というのは、投資初心者にとっては大きな安心材料になるに違いありません。しかし、だからといって「ドルコスト平均法」による積立投資を、分散投資を掲げる投資信託で始めるというのが賢明な策であるということにはなりません。

清水の舞台から飛び降りるような覚悟で「ドルコスト平均法」による積立投資を始めた投資初心者には、スタート直後の損益状況がとても気にかかると思います。積立投資を始めた途端に期待に反して想定外の評価損を抱えてしまうと心が折れ、積立投資を続けていくことに不安を覚えることもあるでしょう。

しかし、長期の積立投資をする人が気にしなければいけないことは、初めて間もない期間、つまり積立期間が短い時期の短期的な損益よりも、最終的な投資額や目標金額に対して、どのくらいの損益が生じているのか、そしてどのくらいのリスクを抱えているのかということの方です。

例えば、30年後に3000万円の金融資産を作ることを目標に、毎月5万円ずつ積立投資をしていく場合、最初の1年の投資総額は60万円です。仮に投資総額が60万円になった1年後にリーマン・ショック級の事態に直面し、投資総額の半分に相当する30万円の評価損を抱えたケースを考えてみましょう。

投資総額60万円の半分の30万円が失われるというのは、資産形成を始めたばかりの投資家にとって極めて深刻な事態に映るはずです。しかし、目標額である3000万円と比べてみると、30万円の評価損は僅か1%に過ぎませんし、30年間の投資総額1800万円（＝5万円／月×12か月×30年）に対しても60分の1、1・67%に過ぎないものです。

要するに、積立投資を始めて1年後に株価下落に襲われたとしても、資産形成の最終目標額に比べれば致命的な損失にはなり難いということです。これが、例えば積立投資を始めてから25年、積立総額が1500万円に達していた時に株価が半値になるようなショックが起き、積立額の半分、目標額の25％に相当する750万円が吹き飛ぶような事態に見舞われたらそれは資産形成上致命的な損失であるだけでなく、それまでの25年間が無駄になりかねない事態だといえます。

このような例からも分かるように、「ドルコスト平均法」で買付コストを平準化したとしても、積立投資ではゴールに近付けば近付くほど、株式などリスク資産の「価格変動リスク」が資産形成の結果に大きな影響を及ぼすという宿命から逃れることはできません。つまり、積立投資を行う投資家が回避しなければならないのは、積立投資を始めて間もない頃の株価の下落ではなく、積立期間が長くなり投資元本が大きくなってからの株価の変動だということです。

こうした運用上の理屈からすると、分散投資を掲げる投信などを投資対象に積立投資を始めることが賢明な選択だとはいいきれません。投資額が目標額に対して少額であり、資産形成計画に致命的な悪影響を及ぼさない時期のリスクの回避に過剰になる必要があるのかという問題です。

「若いうちはリスクを取れる」という「投資の常識」に照らし合わせれば、若い頃、つまり積立投資を始めて間もない期間の損益は、将来的な最終目標金額からみたら神経質になる必要はないので、コストをかけて分散投資を掲げる投信などに投資するよりも、コストの低い株式投信やETF（上場投資信託）といった相対的にリスクが高いとされるリスク資産を中心とした積極運用を心がけた方が賢明な選択であるともいえるのです。ゴールまでの期間が長ければ長いほど、株式市場の価格変動に伴う損失リスクが目標額に対するリスクとしては小さいのですから。

「若いうちはリスクを取れる」という「投資の常識」は、「歳を重ねるにつれてリスクを落とした運用をできるようにしていけ」と解釈することもできます。そして、繰り返しになりますが、「ドルコスト平均法」を利用した積立投資の特性の一つは、投資期間が長くなり、ゴールに近付けば近付くほど資産の価格変動リスクに伴う損失が致命的になり得るということです。こうした特性からいえることは、積立投資の期間が長くなるにつれて投資対象を分散させ、資産全体の価格変動リスクを下げていくことを心がけていく必要が高くなるということです。

つまり、「ドルコスト平均法」による積立投資をする場合は、投資期間がまだ短い時期には積極運用を目指し、投資期間が長くなり投資金額が大きくなるにつれて分散投資を進めていくというのが一つの論理的な考え方になるのです。

投資初心者に、積立投資を始める時は分散投資を謳った投資信託などから始めた方がいい、と言うのは販売会社側の理屈であるといえます。販売会社側からすれば、積立投資を始めようとしている投資初心者はこの先長年にわたって手数料を払ってくれる可能性の高い大切な顧客です。

同時に、評価損を抱えることに慣れていない投資初心者は、積立投資を始めてすぐに期待に反する形で投資金額に比較して大きな損失を抱える事態に見舞われると、心が折れて積立投資を止めてしまう可能性もある投資家でもあります。それゆえに販売会社側は、顧客離れを防ぐことを優先して、大きな損失を被りにくい分散投資から始めることを勧めるのだと思います。

しかも、分散投資を謳う投資信託の中には「ファンド オブ ファンズ（Fund of funds）」という複数の投資信託に投資する形式をとっている商品も少なくなく、証券会社や運用会社に入る報酬も増えるという傾向もあります。それは、投資家側からするとその分コストが割高になりがちだということです。規模は別にして、必要以上に高い信託報酬を払い続けるということは、投資で損失を出し続けるのと大差ないのです。

資産形成全体の目標からみれば特別ヘッジする必要のないリスクを、コストをかけてまでヘッジするというのが合理的な判断なのか、積立投資を始める前に一度考えてみることをお勧めしたいと思います。

仮に勧められるがままに分散投資を謳った投資信託を使って積立投資を始めてから、しばらくの間日本株が上昇基調を続けたら皆さんはどう思うでしょうか。分散投資をしてリスクを抑えておいてよかったと思うのか、それとも思い切ってリスクを取って日本株に投資しておけばよかったと思うでしょうか。

リスクを抑えた運用をしていてよかったと思える人は、そのままずっと分散投資を続けることができるかもしれません。しかし、思い切ってリスクを取ればよかったという後悔の念を持つ人は、どこかのタイミングでリスクを取った運用を試みる可能性が高いのではないでしょうか。しかし、それは「年齢を重ねてから大きなリスクを取る」という、「若いうちはリスクが取れる」という「投資の常識」に反する行動を起こすことにもなるのです。

「ドルコスト平均法」などを利用した長期間の資産形成をする場合に重要なことは、ゴールまでの投資期間の長さに応じてリスクを抑える運用をしていくのが原則だという認識を持っておくことです。

この原則に従って、自分の年齢を考慮して定期的に資産構成を見直していくことが必要です。そしてこの資産構成の見直しをする際に重要なことは、自らの年齢と投資期間を判断基準の最重要要素とし、決して短期的な相場観を優先しないということです。

若いうちに少し多めのリスクを取って、年齢を重ねるにつれてリスクを抑えた運用に切り替えていくか、それとも若いうちは慎重にリスクを抑えた運用から始め、慣れてきたらリスクを取りに行くのか。それを決めるのは投資家の自己責任です。

「歳を重ねるにつれて投資リスクが大きくなる」「最終的な収益はゴール時点の日経平均株価の動向に大きく依存する」という特性を持つ「ドルコスト平均法」で資産形成を図ろうとする人にとって、これまで株式市場の「太陽」であったGPIFが、「北風」を吹き付けるようになることが確実な情勢になっていることは極めて重要な問題です。

なぜなら、これまで時間をかけて積み立ててきた人ほど、苦労して積み上げてきた金融資産がGPIFから吹きつけられる「北風」によって吹っ飛ばされてしまうリスクが高いからです。既に長い期間積立投資を行ってきていて、被るかもしれない被害額が目標金額やこれまでの累計投資額に対して無視し得ないものになる可能性のある人には、GPIFの現在置かれた状況を客観的に確認し、資産構成を見直す必要の有無を検討していただきたいと思います。

第6章

「世界最大の売手」が出現する中での資産形成

「ドルコスト平均法」の本当のリスクを思い出せ

2014年度からの5年間、国民が見てきた日本の株式市場は日銀とGPIFが買手として存在感を示してきた市場でした。しかし、これから資産形成をする人たちが立ち向かわなければならないのは、GPIFが売手に転じる市場です。しかもそれは国が公表した財政検証の結果にも示された確実に訪れるリスクなのです。

GPIFが買手から売手に変身するという大きな投資環境の変化が起きようとしている中で懸念されることは、大きな投資環境の変化が確実視される中で、これから資産形成を始める、すでに資産形成を始めている人たちの多くが漠然とこれまでと同様に「ドルコスト平均法」を利用しようとしていることです。

ここで思い出してほしいのが「ドルコスト平均法」の持つ本当のリスクです。「ドルコスト平均法」の持つ本当のリスクは、資産形成期間が長くなれば長くなるほど市場の価格変動リスクの影響を強く受けることであり、最終的な投資収益はゴール時点の市場価格に全てを依存してしまうことでした。

それは、市場が長期低迷し、積立期間終了時の株価が下落していた場合、老後に必要な資産を作るという目標が達成できない可能性が高いということです。前章で指摘した、「ドルコスト平均法」という投資手法は「コストを平準化」するための手法であり、「目標収益を達成する」ための手法ではないということを再度肝に銘じてもらいたいと思います。

そのうえで、この先20年、30年という長期にわたる資産形成を考えている人には、自らの運用期間のほとんどは現在「世界最大の機関投資家」と称されているGPIFが「株式市場最大の売手」として君臨する可能性が高い時代だという現実に目を向け、それを前提とした資産形成プランを立てていく必要があるのです。

「世界最大の機関投資家」であるGPIFが早ければ2020年度から金融市場で売手に変身するということは、金融市場の様相もこれまでとは全く異なったものになる可能性があるということです。アベノミクス以降、読者のみなさんが見てきた金融市場は「世界最大の機関投資家」であるGPIFが買手として参加していた時の姿です。「世界最大の機関投資家」であるGPIFの立場が180度逆転するという大きな変化が起きることが確実な中で、まず気を付けなければならないのは、過去の延長線上で物事を考えてはいけないという点です。金融市場の前提が大きく異なってくる時期に、これまでの延長線上で物事を捉えると大きな怪我を負いかねないということを肝に銘じることがはじめの一歩だといえます。

では、ＧＰＩＦが市場で買手から売手に変身することが金融市場にどのような影響を及ぼし、それが資産形成にどのような影響を及ぼすのかを考えてみましょう。その上で、資産形成プランを具体的にどのように修正すべきかについても考察してみましょう。

台風のち梅雨入り

まず資産形成を目指す人たちに認識していただきたいことは、２０２０年度から、資産形成を始めるには適さない時期に入る可能性があるということです。それは、前章までに繰り返してきた通り、早ければ２０２０年度から「世界最大の機関投資家」であるＧＰＩＦが売手に変身する可能性があるからです。

「世界最大の機関投資家」であるＧＰＩＦが売手に回ることだけでも大事件ですが、ＧＰＩＦが売手に回ることの恐ろしさは、一時的なことではなく20年から30年といった長期に及ぶことと、ＧＰＩＦは二度と買手に戻ることがないということです。

ファンドマネージャーとして長年資産運用に携わってきた経験からいえることは、ヘッジファンドのように短期的な相場観などに基づいて空売りを仕掛けてくるような主体はメディアが騒ぐほど怖くありません。日本では株価が下落するたびにマスコミは「ヘッジファンドの売り」とか「短期筋の売り」という言葉を枕詞のように使い、それらが日本人投資家に被害を及ぼす天敵であり、日本人はか弱き被害者であるかのような報道を繰り返していますが、ヘッジファンドの売りなどはさして怖いものではありません。

なぜならば、彼らは売り仕掛けをした後には必ず利益を確定するために買い戻しをしてくることが分かっているからです。ポイントは、ヘッジファンドの資金が市場から引き上げられるわけではないというところです。


利益を求めて相場状況に応じて投資行動を臨機応変に変えるヘッジファンドの売りとは比較にならないくらい恐ろしいのが、戻ってこない資金による売りです。

戻ってこない資金による売りというのは、利益を得ることではなく市場からの退場・撤退を目的とした売りのことです。市場からの退場・撤退が目的ですから、売り切ることが目的であり、利益を上げることを目的としたヘッジファンドの売りと異なり買い戻しが伴わないのです。買い戻しが伴わないということは株価を下げるだけの売りだということです。

戻ってこない資金による売りの代表例として挙げられるのは、１９９０年代から始まった持ち合い解消の売りです。バブル崩壊前までは日本では銀行を中心に企業同士がお互いの株式を持ち合う慣習がありました。１９８０年代末には、こうした持ち合いによって保有されていた株式が時価総額の50％近くを占めていたといわれており、こうした株式の持ち合いによって流通株が少なくなっていることが、世界的に割高であった日本株のＰＥＲ（株価収益率）を正当化する根拠にもされていました。

しかし、90年に起きたバブル崩壊によって持ち合い株の評価益が激減して投資効率が悪化したことに加え、経営合理化を目指した取引先の絞り込みなどによって業務上の関係が薄れはじめたことなどもあり、非効率的な株式持ち合いの解消が進むことになりました。

持ち合い解消の目的は保有株を売り切ることであり、リターンを出すことではありません。こうした売りは市場にとって極めて厄介なものです。例えば、銀行のように大量の持ち株解消を進めなければならない主体は、相場動向に合わせて売却を進めるわけではありません。例えば年間で１２００億円分の持ち合い解消を進める経営判断を下した場合、株価水準を見計らって売却額を最大化するように売却を進めるのではなく、毎月１００億円ずつ売却をするということが少なくないのです。これは相場状況にかかわらず毎月一定額を購入する「ドルコスト平均法」の売りバージョンともいえる手法です。「ドルコスト平均法」の逆バージョンのような売りが恐ろしいのは売り玉が無くなるまで下落圧力が続くことです。

市場の調整は一般的に「価格」か「時間」によって行われるものです。それをもっともらしい数式で表すと、

市場の調整＝価格×時間

つまり、大幅な株価下落を伴う調整は時間的には短く終わり、逆に大きな株価下落を伴わない調整は時間的に長くなる傾向があるということです。

ヘッジファンドのように利益を求める投資家の売買は、相場状況に合わせて一定の「価格」で、あるいは一定の時期に「短い時間」で行われるのが一般的で、「短い時間」で売買が行われるため、「価格」の変動は大きくなる傾向が強まるのです。

それに対して「ドルコスト平均法」の逆バージョンの売りは「時間」をかけて「数」を捌ききることが目的ですから「価格」に与える影響が限定的になる代わりに「長い時間」がかかる傾向が強まるのです。ヘッジファンドによる売りが株式市場にとって台風のようなものであるのに対して、「ドルコスト平均法」の逆バージョンの売りは市場にとって陰湿な梅雨のようなものだと思っていただければいいかもしれません。

GPIFが買手から売手に変身することによって株式市場は台風に襲われるのか、梅雨入りするのか。筆者の長期天気予報は「台風のち梅雨入り」というものです。

「押し目買い」を無力化させる「ドルコスト平均法」逆バージョン

2019年6月末時点で160兆円もの資金を持つGPIFが、年金給付の財源を確保するために毎年5兆円を現金化していくとしたら単純計算で32年、毎年8兆円現金化するとしても20年かかります。つまり、GPIFの資産が年金給付の財源確保のために使われる期間はかなり長期になることが予想されます。

そして、GPIFのポートフォリオが基本ポートフォリオに沿ったものであると仮定すれば、ポートフォリオの25％を占めている「国内株式」は、毎年5兆円の資産が取り崩されるとしたら、毎年その25％の1兆2500億円ずつ、毎年8兆円取り崩されるとしたら毎年その25％の2兆円ずつ売却し続けられるということです。こうしたGPIFによる売りは、利益を確保するためのものではなく年金給付の財源を確保することを目的としたものですから、利益を求めて株式市場に参戦している投資家にとって最も恐ろしい売りということになります。

保有資産を現金化して市場から撤退することだけを目的とした売りの恐ろしいところは、多くの場合利益を求めて市場に参戦している投資家を惑わせ、下押し圧力を倍加させることです。

利益を求めて参戦している投資家は、価格が割安と思える水準まで下がってくると「押し目買い」という行動を起こす習性を持っています。こうした習性はすべての市場参加者が利益を求めて行動している場合は一定の確率で功を奏することになります。

しかし、市場からの退場を目的にした売物によってもたらされた下落相場の場合、その確率は一気に低下することになります。それは、売手は株価が割高だから売っているのではなく資産を売ることが目的であるため、株価が割安といえる水準になったとしても目的が達成されるまで売却を続けるからです。

こうした局面で「押し目買い」は有効な戦略ではなく、自殺行為になりかねないものです。それは、「押し目買い」を行った投資家は利益確定の機会を失い、評価損が一定水準に達したり、時間的限界が来たりした時点で「損切り」を余儀なくされることになるからです。そして「押し目買い」に失敗した投資家による「損切り」という行為は、価格の下落に拍車をかけることになるのです。こうした負のスパイラルは90年のバブル崩壊時にも見られた現象です。

市場から退場することだけを目的とした売りの恐ろしいところは、「押し目買い」を誘発すると同時にそれを無力化し、「損切り」させることで下げを加速させるという負の連鎖を招く威力を秘めていることです。

「ドルコスト平均法」の長所が発揮できない相場をGPIFが演出

「ドルコスト平均法」の長所が発揮されない相場状況というのは、穏やかな下げトレンドが長期間にわたって続くというものです。利益を求めて参戦している投資家が主体となっている市場では、こうした穏やかな下げトレンドが長期にわたって続く可能性はほとんどありません。こうした相場状況が現れるための必要条件は、市場からの退場だけを目的に保有資産を売却し続ける投資家が存在することです。２０２０年以降の日本の株式市場においては、ＧＰＩＦがこうした相場状況を演出する投資家になる可能性が高いのです。

「ドルコスト平均法」という手法は「コストを平準化」することを目的にしたもので、利益を積み上げるための手法ではありません。「コストを平準化」することを目的とした「ドルコスト平均法」であっても、利益を確保するために株価の反発、上昇が必要条件であることは相場観に基づいた投資と変わりありません。ＧＰＩＦの継続的な売りは、「ドルコスト平均法」で資産形成に励む投資家からその機会を奪う存在になり得るのです。

ＧＰＩＦが早ければ２０２０年度からでも年金給付の財源を確保するために約１６０兆円もの資産の取り崩しを始めることはほぼ確実です。しかもＧＰＩＦの売りは、ＧＰＩＦの資産規模が年金給付金の１年分（足元では5兆円前後）程度になるまで続くことが決まっているのです。

つまり、「世界最大の機関投資家」であるＧＰＩＦによる「ドルコスト平均法」の逆バージョンの売りは、日本の株式市場に「ドルコスト平均法」の長所を発揮させないような「長期にわたる穏やかな下げトレンド」をもたらすだけの十分なパワーを持っているのです。

早ければ2020年度が「長期にわたる穏やかな下げトレンド」の元年になる可能性を無視して「ドルコスト平均法」を使った資産形成を今すぐに始めるのは大きなリスクを伴った賭けかもしれません。「ドルコスト平均法」の逆バージョンが作り出す市場は、「ドルコスト平均法」による資産形成の長所を消し去る可能性があることには注意が必要です。


「年金2000万円不足問題」が注目されたことで「公助から自助へ」という雰囲気が強まってきています。しかし、こうした世の中の雰囲気に流されて何となく資産形成を始めるのではなく、客観的な状況を判断して資産形成を始めてもらいたいと思います。

「赤信号、みんなで渡れば怖くない」とよくいわれますが、投資の世界では「赤信号、みんなで渡れば大惨事」ということが頻繁に起きていることを忘れてはいけません。

まず「貯金」から始めよ

「ドルコスト平均法」による資産形成を始めるのに現在は必ずしも適した時期ではありま

せん。しかし、それは資産形成を始めるべきでないということではありません。資産形成をするなら「時間」というアドバンテージを得るためにもできるだけ若いうちから始めた方がいいことに違いはありません。「ドルコスト平均法」を使った投資を始める時期として、今は適していないということです。

当面「ドルコスト平均法」を使った投資に適さない時期が続くのであれば、何から資産形成を始めたらいいんだという疑問が出てくるはずです。筆者がお勧めするのは「まず預金から始めよ」ということです。

「預金から始めよ」と言うと、「ゼロ金利の時代に預金か」「ゼロ金利だから投資をしようとしているのに何を言っているんだ」というお叱りを受けるかもしれません。

ゼロ金利の今、こうしたお叱りの言葉が出てくるのも自然なことです。しかし、皆さんにここで考えてもらいたいことは「目的は何か」ということです。

もし、目的が「ドルコスト平均法を使った株式投資だ」というのであれば、その人は今すぐそれを始めるべきでしょう。始めることで目的が達成されるのですから。

しかし、「30年後に3000万円の金融資産を作る」ことを目的にしている人ならば、始める時期を先送りした方が賢明だと思います。毎月3万円とか5万円といった金額を積立投資に振り向けようとしている人は、まず毎月3万円、5万円の「貯金」から始めるのも一つの手です。

ゼロ金利で利息が付かないから気が進まないと感じる人も多いと思います。確かに今の1年もの定期預金金利が0・01%といった超低金利時代では、預金では資産をほとんど増やすことはできません。0・01%という金利は、キリストが生まれた時に貯金を始めたとしても、現在までに資産は1・22倍くらいにしかならないような低金利であり、資産を倍にするのには約7000年かかる計算になり、竪穴式住居に住んでいた縄文人が今ようやく資産を倍にできる程度のものですので、「貯金」の必要性を感じない方が多くても当然です。

しかし、低金利は「貯金」を資産形成の選択肢として排除していいという理由にはなりません。メディアではマイナス金利が話題として取り上げられていますが、「貯金」がマイナス金利となる、つまり「貯金」をするとお金をとられるような事態は起こっていませんし、今後もまず起こらないと考えていいでしょう。「貯金」金利をマイナスにしてしまったら、銀行に預金をする人が減ってしまい、金融機関は事業活動に必要なお金を集められなくなってしまうからです。

これに対して投資信託のような投資商品は、保有しているだけでコストを取られますし、株式などのリスク資産の価格が下落すれば損失を抱えることになります。つまり、「30年後に3000万円の金融資産を作る」といったことを目標とするのであれば、株価が下落する可能性が高い局面では損失を生じる可能性のあるリスク資産に投資するよりも、ゼロ金利でも元本が減らない「貯金」の方が賢明な選択になり得るのです。投資期間を長く取れるという「時間」というアドバンテージを持っている若い人ほど大きなリスクを取る必要はなかったことを思い出していただけたらと思います。

確かに、今のようなゼロ金利社会では、「貯金」によって資産を増やすことはできません。しかし、「貯金」によって増やせるものもあります。

それは「信用」です。

この「信用」は資金調達能力を決定付ける重要な要素です。そしてこの「信用」を高め、資金調達能力を上げるための最大の武器が「貯金」なのです。

例えば、連日テレビに出演し、年収的には一般人の数倍は稼いでいるような売れっ子の芸能人でも、銀行で長期のローンを組むことへのハードルは極めて高いのが現実です。それは「信用」が足りないからにほかなりません。年収が高い人の「信用」が収入ほど高くないということはイメージしにくいかもしれませんが、お金を貸す金融機関にとって重要なのは貸出先の返済能力です。有名芸能人の年収は一般人よりもかなり高いかもしれませんが、水物といわれる芸能界で長年にわたってローンを返済できる年収を維持できる可能性は一般人と比較しても高いわけではありません。

これは投資家にも当てはまります。例えば、株式投資で1000万円や2000万円を稼いだ投資家が、その実績を盾に銀行に住宅ローンのような長期のローンを申し込んだとしてもかなりの確率で断られることになります。それは、「信用」は今持っているお金だけで作られるものではなく、今後得られる収入、つまり返済能力によって作られるものだからです。したがって、本当に投資で成功したといえるのは、好きなものを何でも現金で購入できるレベルまで稼いだ人だけなのです。

ゼロ金利時代の「貯金」は資産が増える楽しみもなく、退屈なものかもしれません。しかし、ゼロ金利の中である程度まとまった「貯金」を作るというその人の努力こそがその人の「信用」を高め、資金調達能力を高めることになるのです。

一つのいい例が「フラット35」「フラット20」といった住宅ローンの金利です。「フラット35」や「フラット20」の金利体系の特徴は、頭金を1割用意できているか否かで金利が大きく異なるというところです。

例えば「フラット35」の場合1割以上の頭金を用意できている人に対する金利で最も多いのが1・210％であるのに対して、1割未満の頭金しか用意できていない人に対する金利で最も多いのは1・470％で、その差は0・26％になっています。借入金利が低いのはその人の「信用」度が高いからです。つまり、残念ながら「貯金」で資産を増やせる状況にはありませんが、貯めるのが難しいゼロ金利社会の中で「貯金」をすることで「信用」が高まり、将来0・26％の金利を手にする権利を得られる可能性が高まっていくということは頭に入れておくべきです。

運用利回りや信託報酬などの運用コストに関しては0・1％の違いでも気にする日本で、借り入れコストが0・26％も違ってくることに目を向ける人が少ないことは不思議でもあります。

だからといって、リスク資産への投資を止めて「貯金」だけで行けといっているわけではありません。「世界最大の機関投資家」と称されているGPIFが資産形成を目指す人たちに「北風」を吹き付けることになるのが確実な状況の中で、評価損を抱える覚悟で投資に飛び込むのが目標達成に向けて賢明な判断なのかを自問してほしいということです。「貯金から始めよ」という選択肢も目標達成に向けて有効な選択肢の一つであることに目を向けていただきたいのです。株式などリスク資産への投資を始めるのは「貯金」で「信用」を高めてからでも遅くはありません。「信用」を高めて資金調達能力を上げておけば、将来アパート、マンション経営や起業など、人生の選択肢を増やすことにも繋がるのですから。

貯金では資産を増やすことはできませんが、信用を増やすことで将来の選択肢が広がる、ということを忘れてはなりません。

「国際分散投資」という響きに踊らされることなかれ

「世界最大の機関投資家」といわれるGPIFが金融市場の売手に回ることで最も強くそ

の影響を受けるのが日本株市場です。

それならば国際分散投資をすればいいと考える人も出てくるはずです。

確かに、日本株だけに投資するよりも国際分散投資をした方が賢明かもしれません。しかし、それは国際分散投資によってGPIFが売手に回る金融市場でも収益を上げられるということではありません。あくまで日本株よりも確実性が高く、発生する損失を小さくできる可能性があるというレベルの話です。

「世界最大の機関投資家」と称され巨額の資産を管理運用しているGPIFは、当然の如く国際分散投資をしています。GPIFの基本ポートフォリオでは「外国債券」に15％、「外国株式」に25％の計40％を海外資産に振り向けるとされています。この基本ポートフォリオに従い、GPIFは2019年6月末時点で「外国債券」に29兆30億円、「外国株式」に42兆4606億円、合計71兆4636億円を海外資産に振り向けています。

このGPIFが保有している71兆円超の海外資産の規模は、米国最大の公的年金基金として有名なカリフォルニア州職員退職年金基金（カルパース）の運用資産総額3825億ドル（約41兆円）を大きく上回り、さすがは「世界最大の機関投資家」といわれるだけの規模になっています。

仮にＧＰＩＦが年金給付のための財源を確保する目的で毎年5兆円の資産を取り崩すことになると、毎年「外国債券」をその15％に相当する７５００億円分、そして「海外株式」をその25％に相当する１兆２５００億円分、合計2兆円規模の売り圧力が世界の金融市場にかかることになります。同時にこの2兆円相当の外貨が為替市場で円に換えられることになりますので、為替市場での円高圧力を高める原因になります。

この2兆円は為替市場にとってどの程度の規模なのでしょうか。２０１８年度の日本の貿易黒字額が７０６８億円、同じく経常黒字額は19兆４１４４億円ですから、ＧＰＩＦが年金給付のための財源を確保するために為替市場で円転する（外貨を円に換える）2兆円という額は、２０１８年度の貿易黒字額７０６８億円の3倍近く、経常黒字額の10％に相当する規模に相当します。

このように、「世界最大の機関投資家」であるＧＰＩＦの資産取り崩しが世界の金融市場に及ぼす影響は決して少ないとはいえない状況にあるのです。

日本では２０００年以降ほぼゼロ金利状態が続いてきています。それ故に日本の投資家の多くは収益を求めて海外資産への投資を増やす方向にあります。ＧＰＩＦが基本ポートフォリオの変更によって「外国債券」「外国株式」の割合を増やしたのも「国内債券」だけでは必要な収益を確保できなくなったことが一番の要因でした。

ＧＰＩＦのように調達した円を外貨に換えて海外の利回りの高い資産に投資する手法は「円キャリートレード」と呼ばれる手法と同質のものだといえます。この「円キャリートレード」は、海外資産への投資を積み上げる段階では為替市場で「円売り・外貨買い」を行うことになるので為替市場の円安圧力を強める方向に作用します。

「円キャリートレード」によって為替が円安になれば、輸出企業の収益が拡大するので「国内株式」の上昇圧力も高まる結果になります。その結果「円安・株高」という日本にとって最良の状況が訪れるのです。「円キャリートレード」が積み上がる局面は日本の投資家にとってバラ色だといえるのです。

しかし、「円キャリートレード」は日本の投資家にとって「行きはよいよい帰りは怖い」といえるものでもあります。「円キャリートレード」が積み上げられる段階では「円安・株高」という至福の時を過ごせますが、積み上げられた「円キャリートレード」のポジションが解消される局面に転じると「円高・株安」という地獄が訪れることになるからです。

２００８年9月に起きたリーマン・ショックの際、震源地となった米国の株式市場よりも日本の株式市場の下落の方が大きかったのは「円キャリートレード」の巻き戻しによって「リスク資産下落&円高」という二重のショックに見舞われたからでした。

リーマン・ショックに見舞われた後、知り合いの投資銀行の部長からこんな苦労話を聞かされました。

リーマン・ショックという未曽有のショックによって資産価格が大幅下落したのを受け、その投資銀行は本国から資金の回収を急げという指示を受けていました。本国からの指示を受けてその投資銀行は資産価格が大きく下落する中で資産売却に奔走しました。100年に一度ともいわれた未曽有のショックを受けた後だっただけに資産の売却は困難を極めましたが、何とか3割以上の資産の処分を終えたそうです。そんな頃に本国から飛んできたのは労いの言葉ではなく「お前はなぜ指示通り早く資産を処分しないんだ」という叱責だったそうです。

3割もの円資産を処分したにもかかわらず本国から叱責を受ける羽目になったのは「円高」のせいでした。リーマン・ショック直前に1ドル110円前後だったドル円相場は、リーマン・ショック後には87円前後まで20%以上も円高になっていたのです。円が20%も高くなったことで、円資産を3割削減した程度では、外貨換算した日本資産の評価額は1割程度しか減っていなかったのです。自国通貨建て、つまり日本からしたら外貨建ての評価額を見ていた本国からは、日本法人がほとんど資産処分を進めていないように映ったのです。結果的にこの投資銀行は、資産価格が大きく下落する環境下でさらに円資産の処分を進めていくことになりました。

円を調達通貨とした「円キャリートレード」を行っていた投資家が、リーマン・ショックによって一斉に海外資産の処分に走り円を買い戻すという行動に走ったために為替市場で急激な円高が起き、この円高が海外投資家の保有円資産の売却を加速させるという負の連鎖を誘発してしまったのです。こうした負の連鎖が、リーマン・ショックの震源地である米国の株式市場よりも日本の株式市場の下落を大きくした要因だったのです。

広義の「円キャリートレード」を行っているGPIFが年金給付のための財源を確保しようと海外資産を処分して円に換える際にも同じようなことが起こります。リーマン・ショックとの違いは、リーマン・ショックのように多くの投資家が同時に損失を被る事態が起きるわけではありませんので、「円キャリートレード」の巻き戻しが一斉に起きるのではなく、年金給付のための財源を確保するために粛々と時間をかけて「円キャリートレード」の巻き戻しが行われるというところです。

したがって、GPIFが年金給付の財源確保のために「円キャリートレード」の巻き戻しを始めても、それだけでリーマン・ショックのような事態を引き起こすとは想像しにくいのです。市場に大きな影響を及ぼすとしたら、それはGPIFが「円キャリートレード」の巻き戻しを始めたことを知った利益を求める投資家が、その情報を利用して一斉に行動を起こす時でしょう。そして利益を求めて市場に参戦している投資家がこうした行動を起こすとしたら、GPIFが買手から売手に転じる局面である可能性が高いと思われます。「世界最大の機関投資家」と称されるGPIFが買手から売手に転じる局面前後に市場の混乱は大きくなる可能性が高く、その後GPIFが計画に従って粛々と進めていく「円キャリートレード」の巻き戻しは、長い間金融市場を陰湿なものにする要因となるものと思われます。これが筆者の長期予報「台風のち梅雨」の根拠です。

GPIFが「円キャリートレード」の巻き戻しを粛々と進めている間、為替市場には常に円高圧力が加わることになりますし、海外の株式市場や債券市場にも下押し圧力がかかり続けることになります。こうした状況が長く続くことを考えると、GPIFが年金給付の財源を確保するために資産の取り崩しを行う期間に国際分散投資をすればリターンを上げていくことができると考えるのは、少し楽観的すぎるように思います。

インデックスを構成しているという以上の価値がない日本株

それでも日本株だけに投資する場合よりは国際分散投資の方が損失を被る可能性が低いと思われるのは、米国株や米国債券に対する世界的ニーズの方が日本株や日本の債券に対するものよりかなり大きく、GPIFの売りによる影響が小さいことが想定されるからです。

ここ数年金融市場では、主役が市場全体の動きとは異なったリターンを目指すヘッジファンドのような投資家から年金資金に移ってきています。新主役に躍り出てきた年金資金の運用上の特徴は、運用資産の規模が大きいがゆえに、GPIFのように資産配分（アセットアロケーション）を定め、各資産の運用においてはベンチマーク運用をメインにしていることです。こうした動きはベンチマークとして使われるS&P500やMSCIインデックスなど主要インデックスに対する需要を高める要因になっています。

こうしたインデックスに対する需要の高まりが、資産価格を従来の基準からは必ずしも正当化できない水準まで押し上げる原動力の一つになっていると思われます。さらには、主要インデックスに投資するだけで必要なリターンを手にできる状況ができ上がるため、リスクを取って市場全体とは異なるリターンを目指すヘッジファンドに対するニーズを弱める要因にもなっています。そしてこうした動きがまたインデックスに対するニーズを高めていく要因を作っていくのです。

年金資金が世界の金融市場の主役になってきたことで、主要インデックスに対するニーズは高まる方向に向かっています。こうした流れの中で最も需要が高くなっているのが、主要インデックスの中で最大のウエイトを占める米国の債券・株式です。

世界の投資家のベンチマークとなっているインデックスを見てみると、債券インデックスでは米国債が40%近い比率を占め、株式インデックスでは米国株が55%前後の比率を占めています。つまり、ベンチマーク運用を基本とする年金資金の規模が拡大するにつれて資金が米国に流れ込む構図になっているのです。

米国に次いでインデックスに占めるウエイトが高いのは、債券では欧州の31%、日本の19%、株式では日本7・5%、英国5%といったところです。このようにしてみると特に株式の面では米国株のウエイトは2番手の日本株のウエイトの約7倍もあり、自然と米国に資金が集中しやすい構造になっています。これは、世界の株式に100という資金が流入するとした場合、55が米国株に向かい、日本株にはその7分の1程度の7・5しか向かってこないということです。

トランプ大統領が就任してから様々なリスクが叫ばれながらも米国株式市場が世界で最も安定した動きを見せてきているのは、年金資金が金融市場の主役になってきているという流れが強まっていることの証左でもあるのです。

年金資金が金融市場の主役になっているという世界の潮流を尻目に、世界に先駆けて高齢化社会を迎えた日本の年金資金の管理運用を担うGPIFは一足早く運用主体としての役目を終え、資産の取り崩しに向かい始めることになっています。

金融市場では米国株式へのニーズは高まる方向にありますが、GPIFが保有する42兆4606億円もの「外国株式」の中で最も保有比率が高いのも当然米国株です。インデックスの構成比率からの推計では23兆円以上の米国株式を保有している計算になります。

したがって、米国市場ではそこからの退場を目的とした「世界最大の機関投資家」の売りと、その他の国の年金資金などの連合体の買いが交錯することになりそうです。

その一方、「世界最大の機関投資家」の主戦場で総資産の約27％、43兆2620億円もの資産を配分している「国内株式」における新旧年金資金対決の勝負の行方は、主要インデックスにおける日本株の構成比率が7・5％程度に過ぎないことを考えれば明らかです。市場からの撤退を始めた「世界最大の機関投資家」が換金しなければならない資産規模が大き過ぎるのです。

GPIFが年金給付の財源を確保するために毎年まとまった規模の「国内株式」を売却することで株価に大きな下押し圧力がかかることが明白な一方、市場の主役になりつつある新しい年金資金にとって、日本株が必要なのは投資資金の7・5％程度に過ぎません。現時点でいえることは海外投資家にとって日本株は「インデックスに入っている以上の投資価値はない」ということです。

年金資金の運用は基本ベンチマーク運用です。そして、運用責任者も運用担当者もその評価はベンチマークに勝ったか負けたかで下されます。こうした状況を考え合わせると、各国への投資配分を決定する運用責任者が「ベンチマークに勝つための最も有効な手段は、GPIFが主要な売手となる日本株をアンダーウエイトにすることだ」と考えても不思議ではありません。つまり、現在主要インデックスの中で7・5%程度のウエイトを占めている日本株ですが、世界の投資家の実際の資産配分ではそれよりも少ない7%、6・5%に引き下げられる可能性もあるということです。こうした動きはGPIFが売手に回ることによる影響をより大きくするものだといえるでしょう。

国際分散投資の足を引っ張る円高と日本株

米国株市場では白熱した新旧年金資金対決が展開されるかもしれません。したがって、GPIFが売手に回ることによる市場への影響は日本株市場に比較したらずっと軽微なものになることが想定されます。問題はGPIFが為替市場に加える円高圧力です。

GPIFが為替市場に加える圧力によって円高になった場合、GPIF以外の「円キャリートレード」を行っている投資家の巻き戻しを誘発してしまう可能性があります。「円キャリートレード」を行っている投資家にとって円高は、勝手に円建ての負債が膨らむことを意味するもので、GPIFが加える円高圧力がいつ他の投資家の「円キャリートレード」の巻き戻しを誘発してもおかしくないリスクを孕んでいるのです。他の投資家の「円キャリートレード」の巻き戻しを誘発してしまえば、たとえ米国株を中心に収益を上げることができたとしても、円高によってその収益が霧散してしまうことは十分に考えられます。

ＧＰＩＦが市場の売手に変身するリスクをヘッジする手段として「国際分散投資」は考えられる選択肢の一つではあるでしょう。しかし、米国株市場を中心として海外株式が堅調に推移したとしても、円高によって収益が帳消しにされてしまうリスクが付きまとうことは想定しておく必要がありそうです。

アクティブ運用は避けよ

「国際分散投資」を含めた「分散投資」を行う際に重要なことは「分散投資」を行うことを謳った投資信託などではなく、極力ＥＴＦを使ってコストを削減することです。コストを１％引き下げることは、リターンを１％確保するのと同じことなのですから。

また、「ベンチマークを上回るリターンを目指す」ことを謳った「アクティブ運用」は避けてコストの低いＥＴＦの運用に徹することが賢明です。それは、ＧＰＩＦが「２０１８年度　業務概況書」の中で公表しているアクティブ運用の超過収益状況（Ｐ．２６５の**図表17**）を見れば理解できます。

リーマン・ショック後からの10年間で見ると、アクティブ運用によって獲得できた超過収益は直近5年間で年率０・53％、直近10年間では０・46％でしかありません。問題はこの程度の超過収益を得るためにコストを余計にかける価値があるのかということです。

通常アクティブファンドの信託報酬は１・５％強であるのに対して、インデックス連動のＥＴＦの信託報酬は０・５％以下です。コストパフォーマンスの観点から考える必要があるのは、１％以上のコストをかけて０・５％程度の超過収益を狙うというのは賢明な投資行動なのかということです。

しかも、アクティブ運用は過去10年間で０・46％の超過収益を得ていることになっていますが、実際に超過収益を得られたのは半分の５回に過ぎません。こうした結果になっているのは、ＧＰＩＦが依頼している運用会社の運用能力が低いからではありません。ＧＰＩＦの資産を預かるためには運用実績を含めた厳しい基準をクリアしなければなりません。つまり、ＧＰＩＦからアクティブ運用を受託できている運用会社は誰でもが知っているような錚々たる顔ぶれなのです。

また、これらの名だたる運用会社は熾烈な運用競争を繰り広げており、パフォーマンスで他社に後れを取ってＧＰＩＦの運用受託機関という名誉を失わないよう、ＧＰＩＦの運用には全力を傾けています。少なくとも営業力でカバーできる一般投資家向けの公募投信以上に運用に注力しているのは間違いありません。

ＧＰＩＦの厳しい審査を経て運用を任されている名だたる運用会社が会社の名誉を懸けて全力で運用した結果、10年間で０・46％程度の超過収益しか得られないというのが現実なのです。こうした現実を見れば１％以上のコストをかけてアクティブ運用をする必要はないという結論は当然のものだといえそうです。

ＧＰＩＦもこうした判断に基づいた行動をとってきています。それは、ＧＰＩＦのアクティブ運用とパッシブ運用の運用割合の推移（P．２６７の**図表18**）に現れています。ＧＰＩＦが市場運用を始めた２００１年度はパッシブ運用の割合が44・24％に対してアクティブ運用の割合は55・76％と、アクティブ運用の比率がパッシブ運用を上回っていました。

しかし、２年後の２００３年度から約10年間は概ねパッシブ運用75％前後、アクティブ運用25％とパッシブ運用に比重を置いた運用に切り替えられました。さらに２０１３年度

図表17◎国内株式の超過収益率の状況

		2009年度	2010年度	2011年度	2012年度	2013年度	2014年度	2015年度	2016年度	2017年度	2018年度	直近5年間（年率）	直近10年間（年率）
超過収益率		+0.93%	+0.19%	-0.02%	-0.42%	-0.47%	-0.21%	+0.02%	+0.20%	-0.21%	-0.05%	-0.04%	+0.00%
パッシブ運用	時間荷重収益率	+28.60%	-9.20%	+0.71%	+23.77%	+18.08%	+30.61%	-10.95%	+14.65%	+15.44%	-4.91%	+7.92%	+9.66%
	ベンチマーク収益率	+28.47%	-9.23%	+0.59%	+23.82%	+18.56%	+30.69%	-10.82%	+14.69%	+15.87%	-5.04%	+8.02%	+9.74%
	超過収益率	+0.13%	+0.03%	+0.11%	-0.06%	-0.49%	-0.08%	-0.13%	-0.04%	-0.43%	+0.13%	-0.10%	-0.08%
	パッシブ比率	+75.36%	+75.31%	+76.04%	+78.15%	+80.86%	+87.50%	+83.03%	+90.70%	+90.48%	+90.57%	—	—
アクティブ運用	時間荷重収益率	+31.90%	-8.54%	+0.31%	+22.19%	+18.48%	+29.56%	-9.90%	+17.30%	+17.91%	-6.65%	+8.55%	+10.19%
	ベンチマーク収益率	+28.47%	-9.23%	+0.59%	+23.82%	+18.56%	+30.69%	-10.82%	+14.69%	+15.87%	-5.04%	+8.02%	+9.74%
	超過収益率	+3.43%	+0.69%	-0.28%	-1.63%	-0.09%	-1.13%	+0.92%	+2.61%	+2.04%	-1.62%	+0.53%	+0.46%
	パッシブ比率	+24.64%	+24.69%	+23.96%	+21.85%	+19.14%	+12.50%	+16.97%	+9.30%	+9.52%	+9.43%	—	—

(出典)GPIF「2018年度の運用状況『各資産の超過収益率の状況』(直近5年間及び10年間)」2019年7月5日

を境にパッシブ運用の割合をさらに高め、2018年度ではパッシブ運用90・58%、アクティブ運用9・42%と、完全にパッシブ運用中心にシフトしています。こうした動きは、GPIFがパッシブ運用中心にした方がコストパフォーマンス上効率的だと判断した証左です。「世界最大の機関投資家」であるGPIFが下したこうした結論は、これから資産形成をする人たちの参考になるはずです。

債券なき分散投資を目指せ

「分散投資」を行う際のもう一つの重要なポイントは、「債券投資」はほとんど行う必要がないということです。GPIFの基本ポートフォリオの問題点として第3章でも指摘したことですが、利回りが既に0%やマイナスになっている債券に投資しても「分散投資効果」が発揮されることはありません。

マイナス利回りというのは、償還まで保有した場合確実に損失が出る（投資した金額を回収できない）というものですから、経済合理性からはあり得ない利回りです。経済合理性ではあり得ないマイナス利回りの債券が世界中に存在しているのは、日銀や欧州中央銀行

図表18◎パッシブ運用及びアクティブ運用の割合の推移
（市場運用分）

		2001年度末	2002年度末	2003年度末	2004年度末	2005年度末	2006年度末	2007年度末	2008年度末	2009年度末	2010年度末	2011年度末	2012年度末	2013年度末	2014年度末	2015年度末	2016年度末	2017年度末	2018年度末
国内株式	パッシブ	44.24%	70.84%	77.02%	76.87%	76.19%	76.27%	76.41%	75.73%	75.26%	75.26%	76.23%	78.78%	87.69%	86.71%	81.52%	90.62%	90.44%	90.58%
	アクティブ	55.76%	29.16%	22.98%	23.13%	23.81%	23.73%	23.59%	24.27%	24.74%	24.74%	23.77%	21.22%	12.31%	13.29%	18.48%	9.38%	9.56%	9.42%
外国株式	パッシブ	53.25%	79.03%	81.56%	79.86%	79.69%	79.85%	82.94%	85.35%	85.59%	86.23%	86.01%	86.74%	89.37%	88.05%	84.15%	86.45%	86.32%	90.50%
	アクティブ	46.75%	20.97%	18.44%	20.14%	20.31%	20.15%	17.06%	14.65%	14.41%	13.77%	13.99%	13.26%	10.63%	11.95%	15.85%	13.55%	13.68%	9.50%

（出典）GPIF「2018年運用状況『パッシブ運用及びアクティブ運用の割合の推移』（市場運用分）」2019年7月5日

（ＥＣＢ）をはじめとした中央銀行が金融政策の一環として、中央銀行が損失を被る形でマイナス利回りの債券を購入するという異常行動をとっていることによる結果の異常事態でしかありません。

こうした経済合理性とはかけ離れた理由に基づいて人為的に作られたマイナス利回りの債券が、株式が下落した際にマイナス利回りを拡大（債券価格が上昇）させてその損失を埋め合わせるという分散投資効果を発揮することはまずあり得ません。少なくともそれに期待してはいけません。

中央銀行が金融政策の一環として経済合理性から外れた行動をとるのは仕方のないことかもしれません。しかし、将来必要な金融資産を作ることを目指している投資家が経済合理性からあり得ない投資行動をとるべきではありません。中央銀行が経済合理性から外れた行動の度合いを強めることはあるかもしれませんが、そうした行動を前提に債券に投資するのは避けなければならないということです。

マイナス利回りの債券に分散投資効果を発揮することは望めません。こうした状況を考えると現在は「分散投資」と称して内外債券に投資する必要性は限りなく低いといえます。運用期間が長期に及ぶことを考えれば、マイナス利回りの債券の利回りがさらに低下する

（債券価格が上昇する）ことに比較したら、利回りが上昇する（債券価格が下落する）可能性の方が格段に高いはずです。分散投資効果が望めないだけでなく、将来損失を生む可能性が高い債券に「分散投資」という名目だけで投資するのは避けた方が賢明でしょう。

「分散投資」は動きが逆（逆相関）の資産を組み合わせることによってリスクの軽減を目指す運用手法であることは説明した通りです。それは、動きが逆になる資産が存在しない場合は「分散投資」に拘る必要がないということでもあります。

現在の状況下での「分散投資」の難しさについては、GPIFの水野弘道理事兼最高投資責任者（CIO）も2019年8月20日のカリフォルニア州職員退職年金基金（カルパース）の理事会で「株式で損失を被る際には債券で利益が得られるというのが、ポートフォリオ分散の一般通念だが、GPIFがあらゆる資産クラスで損失を出し、為替差損も被る状況は、それまで起きたことがなかった」（ブルームバーグ「GPIF水野氏、全資産クラスで損失の危険－市場のシンクロに警鐘」2019年8月21日）と発言してそれを認めています。

GPIFは約160兆円もの資産を持つ「世界最大の機関投資家」ですから、マイナス利回りの債券に投資をしないという選択が難しいことは確かです。理論上は「外国株式」とも「国内株式」とも相関がない現金に資産を置いておく方が賢明な選択であるはずですが、世論を含めた外部からの、多額の現金で資産を置いておくことが許されるのかという非難に見舞われることになります。また、投資した債券を必ずしも償還まで持ちきるものでもありませんし、債券の代わりに「外国株式」と「国内株式」を増やせばポートフォリオ全体のリスクが高くなりすぎるので、この選択肢はとり得ないといえます。結局分散投資効果を期待できない債券にも投資するというのがGPIFにとって最もリスクの少ない現実的な判断ということになっているのだと思います。最近では為替ヘッジをかけた外債を国内債券の枠の中に入れるという苦肉の策も打ち出すなど、分散投資を維持するためにいろいろと苦労しているのが現実のようです。

GPIFのような投資家にとって「現金」は「債券」に替わる資産にはなり難いといえますが、個人の資産形成においては、「現金」は十分「債券」の代替資産になり得るものです。「現金」が「債券」の代替資産になり得る以上、現時点では「分散投資」という言葉に踊らされることなく「現金」を中心としたポートフォリオにし、「国内株式」をできる限り少なくして米国を中心とした「外国株式」を加えておくというのが有力な選択肢だと思います。

投資はドーピング

ゼロ金利政策が長期化し、預金金利もほぼ0％にへばり付いていることで、人々の関心も「貯蓄から投資へ」と向かっているようです。こうした風潮と共に「株式投資をすれば金融リテラシーが向上する」というような、誤った認識までもが「投資の常識」であるかのように扱われるようになってきています。

しかし、株式投資やＦＸ（外国為替証拠金取引）、仮想通貨取引などを繰り返しても「金融リテラシー」の向上は望めません。それは、これらは「金融取引」ではなく「相場取引」だからです。筆者はこの「金融取引」と「相場取引」を同一視するかのような風潮こそが、日本の金融リテラシー向上を阻む大きな要因の一つだと思っています。

「金融」は読んで字の如く「お金を融通する」こと、つまりお金を貸し借りすることです。したがって、「金融」で最も重要な要素は「金利」と「契約」なのです。日常生活の中でもお金の貸し借りをする際に「利息は？」「契約書は？」と確認するのが一般的です。ですから、金融リテラシーを向上させるためには、「金利」と「契約」に対する知識と認識を高める必要があるのです。

日本で同じような投資詐欺事件が起きるのも、この「金融」において最も重要な「契約」に対する認識が極めて希薄なためです。

「金利」に対する知識と認識というと難しく感じるかもしれませんが、「その国で最も低いリスクで得られるリターンは国債利回りである」という「金利の常識」を持つということが最も重要なところです。この認識さえ持っていれば、ゼロ金利下で国債利回りよりずっと高い運用利回り（期待リターン）の商品を紹介された際に、「この高い利回りは何のリスクを取ることの代償なのか」という疑問が湧いてきて当然のはずです。

国債利回りよりも高い利回り（期待リターン）を得られる商品が全て怪しいという訳ではありません。しかし、国債とは異なったリスクを内包していることには間違いありませんので、投資家は高い期待リターンの代償がどんなリスクなのかを確認するのが当然です。

さらにいえば、自分がどんなリスクを取るのかが分からないような投資は行うべきではないということです。それは、その投資商品がいかがわしいものだということではなく、その投資商品に投資するほどまで自分の投資に対する理解力が高まっていないということです。

株式投資によって国債利回りより高いリターンを目指すのであれば「価格変動リスク」「企業業績リスク」などを負いますし、さらにTOPIX（東証株価指数）を上回るリターンを謳ったアクティブ投資信託ならばさらに「流動性リスク」や「信用リスク」などのリスクを取ることになるということです。

ゼロ金利政策が長期化し、国債利回りが0％、あるいはマイナス利回りになってしまったことで、こうしたリスクの確認が極めてルーズになってきているように思います。「預金金利がゼロだから投資」という「でもしか思考」では、金融リテラシーが向上することはありません。

資産形成は長い時間をかけて「金利」と「信用」を積み上げていくのが基本です。しかし、「金利」がゼロになってしまったことで、「時間」をかけてもそれによって得られるリターンがないので、「時間」をかけずに、言い換えれば努力をせずに簡単にリターンを上げたがる傾向が強まっているようで不安を感じています。

本来「時間」をかけて手に入れるべきリターンを「時間」をかけずにFXや仮想通貨へ

の投資によって短期間で得るというのは、ドーピングと同じ発想です。投資はスポーツではありませんから、ドーピングが悪いわけではありません。しかし、ドーピングで得られたリターンでは社会的な「信用」を積み上げることはできませんから、資金調達能力は向上しないのです。

老後に資産が必要だといわれているのは、労働によるキャッシュフローの獲得が難しくなるからです。ですから若いうちに資産を蓄えて、老後のキャッシュフロー獲得手段を確保していくこと求められるわけです。換言すれば、資産が金融資産である必要はなく、年齢に関係なくキャッシュフローを得られるような知識や技術、スキルという資産を身に付けていけばいいということでもあります。

ゼロ金利時代の今、「貯金」などで資産形成をするのは極めて難しくなっていることは事実です。しかし、「預金」によって「資産」は作れなくても「信用」を作ることはできるということをまず考えて、老後に自分が必要な資産が何かを考えていただけたらと思います。老後に必要なキャッシュフローを得る手段は、金融資産の取崩しだけではないのですから。

年金問題の盲点

「年金２０００万円不足問題」に続いて、２０１９年の財政検証の結果将来受け取れる年金額の目安となる「所得代替率」が今より2割低くなることが示されたことで、老後に備えた資産形成に対する関心が一気に高まりました。

しかし、こうした資産形成に対する関心が高まる中でも、資産形成に最も強い影響を及ぼす「概ね１００年間で財政均衡を図る方式とし、財政均衡期間の終了時に給付費1年分程度の積立金を保有することとして、積立金を活用し後世代の給付に充てる」とした年金財政のフレームワークに、つまりＧＰＩＦの資産が今後どのように使われていくのか、それが金融市場に対して、そして個人の資産形成にどのような影響を及ぼしていくのかにスポットが当てられることはほとんどありません。

ＧＰＩＦが世間の注目を集めるのは、一時的に多額の損失を生じた時だけです。そして10兆円を超えるような多額の損失を出しても、「短期的な動きには一喜一憂しない」「直ちに年金給付に影響を及ぼすものではない」というお決まりの説明と共に一過性の出来事として葬られてきました。

しかし、今後はそうはいきません。ＧＰＩＦの運用成績が「直ちに年金給付に影響を及ぼすものではない」という状況がしばらく変わることはありませんが、ＧＰＩＦが管理運用している多額の資産が年金給付の財源確保のために使われるようになることで「ＧＰＩＦの存在が直ちに金融市場、特に日本の株式市場に影響を及ぼすことになる」からです。「世界最大の機関投資家」であるＧＰＩＦが金融市場の買手から売手に変身するということは、日本どころか世界の金融市場でも過去にない大事件のはずです。さらに、ＧＰＩＦが買手として復活することは二度とありません。金融市場の歴史の中で一回も起きていない変化が起ころうとしている時に、この変化を軽視することは危険だと思います。

「世界最大の機関投資家」であるＧＰＩＦは、「評価益を実現益に換えられない」という宿命を負っています。こうした宿命を負っている以上、ＧＰＩＦの運用収益がどんどん向上していき、年金支給額が増えるということはほとんどあり得ません。少なくとも、ＧＰＩＦの積立金から得られる財源が財政検証で期待されている額を下回るものになったり、ＧＰＩＦの積立金が枯渇する時期が想定より早くなったりする可能性の方がずっと高い状況だといえます。

それは将来受け取れる年金が現在想定されている額よりも少なくなる可能性が高いということであり、年金不足が２０００万円ではとても済まなくなる可能性が高まるということです。

こうした状況の中で、「投資の常識」だという理由から漫然とＧＰＩＦと同じように「分散投資」をしたり、「ドルコスト平均法」を使って日本株投資をしたりしていけば、受け取る年金の減額と、個人の金融資産の減額というダブルパンチに見舞われることになりかねません。

年金世代になった時に、公的年金と自らの老後資金が共倒れになるというダブルパンチを食らわないように、皆さんにはＧＰＩＦが金融市場で売手に変身する前に投資手法を再度検討してもらいたいと考えています。本著がその一助になれば幸いです。

おわりに――203X年。東京。

65歳を迎えてリタイアメントした次郎は、大好きなワインを片手にのんびりとテレビニュースに耳を傾けていた。ニュースではGPIFの積立金が想定よりも早く枯渇し、年金支給額が大幅に引き下げられることを繰り返し伝えていた。

年金支給額が大幅に引き下げられることは次郎にとっても決して愉快なことではないが、それでものんびりとした気分でいられるのは、年金に頼らずに済むだけの老後に必要な資金を確保できているからだ。

幸運の始まりは、2020年度からGPIFが市場で買手から売手に変身する可能性が出てきたことを受け、それまで「ドルコスト平均法」を使って投資してきた日本株を全て一旦売却し、「貯蓄から投資へ」という当時の風潮に逆らう形で資産を「現金」に戻し、積立預金に変更していたことだった。
次郎が見込んだ通り、2020年代に入ってGPIFが資産の取り崩しを始めたことで日本株は大幅下落に見舞われた。しかし、「投資から貯蓄へ」を実行済みであったため、全く影響を受けずに済んだのだ。

株価が下落基調に転じたこともあり、2020年の東京オリンピックが終わった頃から不動産市況の低迷も顕著になってきた。2018年に起きた「かぼちゃの馬車」事件をきっかけに、銀行がアパートローンなどを絞っていたことも、不動産市況低迷に拍車をかける要因の一つとなっていた。

予想以上に不動産価格が下落したことで、都心の駅近物件の中にも実質10%以上の利回りが取れる物件も散見されるようになってきた。そこで、次郎は投資で蓄えた預金を頭金に、生まれ故郷である代々木上原の駅の近くに投資用不動産を購入したのだ。ローン審査は厳しくなっていたが、長年預金を続けて頭金には十分な額を持っていたおかげでローン審査を無事に通ることができた。

二けたの利回りを稼ぎ出す価格で優良物件を購入できたことで、家賃収入からローンの返済をしてもキャッシュが残るようになった。次郎はそのキャッシュを使って「ドルコスト平均法」を使った米国株投資を始めたのだ。その頃には、「世界最大の機関投資家」であったＧＰＩＦも「並の投資家」に近付いていたため、円高リスクも弱まってくると判断したためだ。

それから10年以上が経過したが、米国株は安定的なパフォーマンスを上げ、行き過ぎた円高も収まった。後は「ドルコスト平均法」を使って積み立ててきた米国株を売却して再び「投資から貯蓄へ」を実践するだけだ。

連日大きく報じられている「年金支給額大幅引き下げ」というニュースを耳にするたびに、次郎は改めて２０１９年に下した自らの決断の正しさを実感する日々を送っている。

運用難の時代を生き延びるために

投資や資産運用と聞くと、とても難しいことのように思う方が多いように思います。そのように感じる方の多くは、資産運用には「株価予想能力」が必要で、そのためには難しい経済理論や数学の素養が必要だと思っているのではないでしょうか。

しかし、これは全くの誤解です。資産運用にそのような特別な能力や素養など必要ありません。

筆者は理工学部土木工学科出身で、31歳で資産運用業界に転じるまでは金融経済や資産運用とは全く無縁のゼネコンの都市トンネル技術者でした。しかし、転職してから3年半後には「経済評論家」という肩書で経済誌に記事を提供するようになり、38歳の時には野村アセット最初のプロ契約のファンドマネージャーとなっていました。

ずぶの素人だった筆者が短期間で金融経済の専門家、プロのファンドマネージャーになれた理由の一つは、資産運用業務の目的は投資家が期待するリターンを提供することで、株価予想をすることではないということに、早く気付いたことかもしれません。筆者は25年間に渡って様々な資産運用業務を経験してきましたが、自分の「株価予想」に基づいて投資行動を決めることはほとんどありませんでした。そして「金融経済評論家」として独立した後も、「株価予想」を情報として提供することはしていません。

それは、資産運用においては「株価予想」ではなく、「何をなすべきか」の方が重要だと思っているからです。

こうした考えを持ったのは、トンネル工事現場の現場監督として、工事を予定通り進めるために工程表を見ながら「明日までに何を準備しておかなければならないか」「1週間後までに何をしておかなければならないか」「1カ月後までに何をしておかなければならないか」という、段取りを考える習慣が、染みついていたからかもしれません。

老後資金を、自助努力によって準備しようとする問題意識の高い方々にも、是非今後の株価予想よりも、今何をなすべきなのかを考える方に労力を割いて頂きたいと思っています。

10年後、20年後の金融市場の動向を正しく予測することはＡＩでも不可能なことだと割り切り、常に自らの社会人として培ってきた社会常識と、確度の高い情報に基づいて「今何をなすべきか」を考える習慣を身に付けることを目指して頂きたいと思います。

こうした習慣を身に付けると同時に、ＧＰＩＦが管理運用している公的年金資金が今後年金給付の財源として使われるようになるという確度の高い情報を得ることや、ゼロコスト平均法という運用手法の目的とリスクなどについて、正しい理解を持つことが重要になってきます。金融商品販売会社や著名な方が出している「株価予想」などは、資産運用の分野では情報としての価値はほとんどありません。

出口の見えない低金利という運用難の時代を生き延びるために重要なのは、確度の高い情報と自分が所持する武器の正しい使い方を身に付けることです。

本著が、資産形成を目指す人たちに確度の高い情報と、自分が所持する武器の正しい使い方を知ることの重要性を知って頂くのと同時に、「今何をなすべきか」を考えるためのきっかけとなり、一人でも多くの読者が運用難の時代を生き残り、思い描く未来を手にすることができるようになることを願ってやみません。

近藤駿介

近藤駿介

こんどう・しゅんすけ

金融・経済・資産運用評論家。1957年東京生まれ。早稲田大学理工学部土木工学科卒業。大手総合建設会社勤務を経て、31歳で野村投信(現・野村アセットマネジメント)に入社。ファンドマネージャーとして25年以上にわたり、株式、債券、デリバティブ、ベンチャー投資、不動産関連投資など、さまざまな運用を経験。90年代中頃には合計約8000億円と日本最大規模の資金を運用していた。現在は、評論家、コンサルタントとして活動し、テレビ、webメディア、雑誌などにコメント提供や記事執筆をしている。著書に『1989年12月29日、日経平均3万8915円』(河出書房新社、2018年)などがある。

著者エージェント

アップルシード・エージェンシー

https://www.appleseed.co.jp/

202X 金融資産消滅

2020年3月10日　初版第1刷発行

著　者　近藤駿介

発行者　小川真輔

発行所　株式会社ベストセラーズ
〒171-0021 東京都豊島区西池袋5-26-19
陸王西池袋ビル4階
電 話 03-5926-6081(編集)
03-5926-5322(営業)
https://www.kk-bestsellers.com/

装幀　竹内雄二

撮影　西谷圭司

DTP　三協美術

印刷所　近代美術

製本所　積信堂

ISBN 978-4-584-13963-9 C0033